JN014968

大学生の

キャリア
デザイン
トレーニング 第2版

社会人基礎力 自己理解 キャリア理論

稲本恵子 編著
田中美和

北村伊都子 著
白井弘子
太原靖一郎
南野敦子
和田百子

Career design
training

晃洋書房

はじめに

「キャリアデザイン」とは、何でしょうか？

大学生が「キャリア」について考えなければならないのは、どのような時でしょうか？

平成23年1月中央教育審議会の答申で、若者たちについて、働くことへの関心・意欲・態度、目的意識、責任感、意志等の未熟さや、コミュニケーション能力、対人関係能力、基本的マナー等、職業人としての基本的能力の低下、職業意識・職業観の未熟さなどが指摘されました。それ以来、社会への出口となる大学では、キャリア教育の必要性が強く認識され、キャリアについて考える機会を増やしています。

平成から令和へと時は流れ、「働き方」「生き方」を取り巻く環境もそれに対する価値観も変化してきました。これからも「キャリア」という概念もより広義の意味で、その価値を問い直し続けていくことが必要となるでしょう。

人生100年時代を迎え、経済・社会や雇用のしくみが変化する中、社会生活を送るうえで必要となる知識・能力、あるいは、仕事をする上で求められる知識・能力も変化を続けています。どのようなキャリアを描いていくのか、自分自身が今どこにいて、これからどこに向かうのか、今何をなすべきなのか。就職活動のためだけではなく社会人となっても、自分のキャリアについて考え、選択しなければならない場面が次々と出現するからこそ、よりよい人生を送るために、自分のキャリアを展望しながら自らのキャリアをデザインしていく力を身につけなければならないのです。

2020年4月の初版刊行以降、私たちをとりまく社会環境は大きく変化しました。そこで、第2版では、今後も変化していく社会を生き抜くためのキャリアデザインに必要な力について改めて考えて改訂を行いました。第1章から第10章は、「キャリア理論」に触れながら、社会と自分の関係性を学びつつ「自己理解」を深め、大学生が今後の進路選択において自らのキャリアデザインに必要な知識を身につけることができるように構成されています。さらに、第11章から第16章では、社会でキャリアを重ねる上で必要な「社会人基礎力」と称される能力についても学びを深めることができるようになっています。アルバイトやインターンシップ、就職活動に自信をもって取り組んでいけるように、そしてもちろん、社会人となってからも「知っていて当然」の知識としていつでも本書を読み返して自分で行動できるように学びを重ねてください。

最後に、今回の出版にあたり、私たちの希望を最大限にかなえるためにご尽力いただいた晃洋書房編集部の山本博子さん、支えてくださった皆様に深く御礼申し上げます。本当にありがとうございました。

2023年7月

執筆者を代表して　稲本恵子

目　　次

キャリアとは① キャリアとは何か

第**1**章

この章で学ぶこと

・「キャリア」とは何かを理解しましょう。
・なぜ今、キャリアをデザインする必要があるのでしょうか？
・自分の役割と役割の価値について他人に説明できますか？

1 キャリアとは何か

　皆さんは「キャリア」と聞いて、どんなことをイメージしますか？「キャリアウーマン」や「キャリアアップ」などの言葉から、働くことや仕事にまつわることを想像するかもしれません。しかし「キャリア」という言葉は、「車輪の付いた乗り物」を意味するラテン語を語源とし、そこから人がたどる行路やその足跡、経歴、遍歴を示すようになったという成り立ちからしても、仕事に限定されるものではありません。例えば、アメリカの組織心理学者であるエドガー・H・シャインは、キャリアを「生涯を通しての人間の生き方や表現である」としています。

　以下にキャリアの概念について説明している一文があります。重要だと思える言葉（キーワード）に下線を引きながら読んでみましょう。

> 　人は、他者や社会とのかかわりの中で、職業人、家庭人、地域社会の一員等、様々な役割を担いながら生きている。これらの役割は、生涯という時間的な流れの中で変化しつつ積み重なり、つながっていくものである。また、このような役割の中には、所属する集団や組織から与えられたものや日常生活の中で特に意識せず習慣的に行っているものもあるが、人はこれらを含めた様々な役割の関係や価値を自ら判断し、取捨選択や創造を重ねながら取り組んでいる。
> 　人は、このような自分の役割を果たして活動すること、つまり「働くこと」を通して、人や社会にかかわることになり、そのかかわり方の違いが「自分らしい生き方」となっていくものである。
> 　このように、人が、生涯の中で様々な役割を果たす過程で、自らの役割の価値や自分と役割との関係を見出していく連なりや積み重ねが、「キャリア」の意味するところである。

引用：中央教育審議会「今後の学校におけるキャリア教育・職業教育の在り方について（答申）」

　このテキストでは以上の文章にならい、「キャリア」の意味を「人が生涯にわたって積み重ねていく、職業や生活に関わる経験・活動・役割の連鎖」と定義して進めていくこととします。

💬 **やってみよう［➡ワークシート 1-1（1）］**

　現在、そして10年後のあなたはどんな役割を果たしていますか？ スーパーのライフロールに関する説明を参考に挙げてみましょう。そしてそれぞれの役割の割合をサンプルのようにグラフで示してみましょう。

▶スーパー（D. E. Super）のライフロールとライフキャリアレインボー

　心理学者であるスーパーは、キャリアを人生のある年齢や場面の役割の組み合わせであると捉えています。人は生まれてから死ぬまで生涯にわたって、さまざまな役割を演じる必要があるとし、その役割を「ライフロール」と表現しました。役割についてスーパーは、①子ども　②学生　③余暇人（余暇を楽しむ人）④市民（地域活動など地域への貢献の役割）⑤労働者　⑥配偶者（妻・夫）⑦家庭人（自分の家庭を維持管理する）⑧親　⑨年金生活者を挙げ、それぞれの役割に費やす時間やエネルギーは、その人の置かれた状況によって異なるとしています。このライフロールイメージの元になっているのは、「ライフキャリアレインボー」です。スーパーは下の図の通り、人生のその時々で新しい役割ができたり、役割の役目を終えたり、複数の役割を並行して担ったりと、変化する生涯の役割を図にして視覚的に示しました。

ライフロールサンプル（ある A さんの場合）

　ある A さんのライフロールを見てみましょう。現在と10年後にどのような役割を演じ、どのような熱量でその役割に取り組んでいるかを表しています。

【現在】

割合	40%	20%	15%	10%	10%	5%
役割／活動内容	大学生 勉強	アルバイト	サークル フットサル	趣味 ゲーム	友人 付き合い	家族 関係

【10年後】

割合	65%	10%	10%	5%	5%	5%
役割／活動内容	仕事	趣味 フットサル	子育て	資格 取得	友人 関係	家族関係／ 市民活動

ライフキャリアレインボー

　スーパーはある男性（22歳で大学を卒業し、すぐに就職。26歳で 1 児の父親となる。47歳の時に 1 年間社外研修。57歳で両親を失い、67歳で退職。78歳の時妻を失い81歳で生涯を終えた）の人生を右の虹のような図で概念化しました。それぞれの役割に費やした時間やエネルギーの消費量がグレーの部分で示されています。

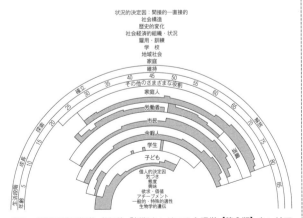

出典：渡辺三枝子編著（2018）『新版キャリアの心理学【第2版】キャリア支援への発展的アプローチ』ナカニシヤ出版、p. 49。

2　キャリアをデザインするとは

　大学生である皆さんがなぜ今キャリアについて考え、将来の人生をデザインしなければならないのでしょうか？　その理由を整理しておきましょう。

① 自分が望む将来や目標を明確にすることによって、大学生であるうちにすべきことや、やっておくべきことを意識化できるから。

② 自由であり自己責任を負う社会人となる前に、自分の方向性を見定めておくことが必要だから。

③ 生涯に渡ってキャリアをデザインし続けていく力を社会に出る前に高めることができるから。

　前節でキャリアには人生そのものという包括的な意味があると説明しましたが、このテキストはタイトルにもあるように、大学生を対象にしています。多くの大学生にとって、直近の重大なキャリア選択は大学卒業後の進路であることから、テキストの後半は社会に出て「働く」ということを前提に、「狭義のキャリア（職業キャリア）」を中心とした内容になっています。しかし、「自分はどう生きたいのか」という「広義のキャリア（ライフキャリア）」を無視した職業選択はできません。「狭義のキャリア」と「広義のキャリア」の2つを照らし合わせて考えることを忘れないでください。

広義のキャリアと狭義のキャリア

　また、いま皆さんは「学生」という同じ役割を担っていますが、その役割を「なぜ」、「どのように」選択したのかは、人それぞれ異なるでしょう。

キャリアには2つの側面がある

　キャリアには外的キャリアと内的キャリアの2つの側面があります。何を選んだか、何をしたか、の「何」にあたる部分がいわゆる「経歴」であり、これを外的キャリアといいます。例えば、皆さんの在籍する大学名、学部学科、ゼミの研究テーマや課外活動で何をしているか、などは外的キャリアに当たります。

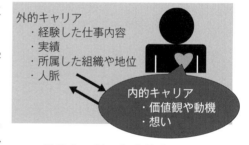

外的キャリアと内的キャリア

　一方で、それら経歴を選択した背景には「なぜ」という動機や「どのように」というプロセスが存在するはずです。例えばなぜこの大学のこの学部に入学したのか、どのようにしてその意思決定をしたのか、という動機やプロセスを「内的キャリア」と呼び、キャリアをデザインするうえでまず明らかにすべき重要な要素となります。

　これからの皆さんのキャリアにおいて、いくつもの分岐点と選択肢が待ち構えています。大学生活を送る中でも、おそらく何度も選択の場面に直面することでしょう。その時に、なぜそうするのか、どうしてそうしたいのか、という自分の動機や価値観の基準である「軸」に気づいておくことが大切です。なぜならそれが、「自分らしさ」であるからです。過去を振り返り、「なんであんな選択をしたのだろう？」と、今では理解できないことがある場合は、この内的キャリアが変化したと捉えてください。内的キャリアは変化するものなのです。ですから、常に自分がどう思っているのか、自分の内面に目を向ける（「内省」といいます）ことと、その変化に気づくことが、今後のキャリアをつくりあげ

ていくうえでは重要なことなのです。

💬 **やってみよう [➡ワークシート 1-1 (2)]**

① 「学生」という役割の価値は何でしょうか。あなたがなぜ「学生」という役割を選択したのか、を思い出してみましょう。

② 「学生」という役割を果たす過程で得られるものを挙げてみましょう。また、それらは今後の人生にどのように影響するでしょうか。

③ いくつか挙げたら、自分の「内的キャリア」を周囲の人に説明してみましょう。また他人の「内的キャリア」にも耳を傾け、自分の感想や意見をフィードバックしましょう。

コラム 1 「Will, Can, Must」

　将来のキャリアについて考える時や、「なりたい自分」「やりたいこと」が実現できるように目標設定と行動計画を立てる時、Will, Can, Mustの視点が役立ちます。

Will　やりたいこと
　自分の将来像、仕事を通じて実現したいこと、ロールモデル「スーツより私服で働きたい」「とにかく大企業で働きたい」そんなことでも大丈夫です。やりたいことは「好きなこと」にもつながります。自分が心踊ることを考えてみます。

Can　今の自分ができること、スキルや今までの経験
　自分の得意なことやスキル、今までの経験で培ってきたもの。
　大学生は、まだ具体的にできることが少ないかもしれませんが、学生の間に学んだことが活きてきます。「誰とでも仲良くなれる」「集中力は誰にも負けない」「責任感がある」など自分の特性を見出してみます。

Must　やりたいこと、なりたい自分に対して社会や会社からの要望、ミッションや目標、これから身につけなければならないスキル・経験
　やりたいことをやるには、何らかの貢献が必ず求められます。やりたいこと（Will）ができるためには、今、何ができる（Can）のかを考えて、将来の夢や目標の仕事や立場に求められること、必要なこと（Must）の何が、今の自分に足りないのか、やらなければならないことは何なのか、何から始めればよいのか、何を学ぶ（身につける）べきか考えてみましょう。

　キャリアの方向性を考える際、3つの円の重なっている部分を仕事にすると満足度やモチベーションが高くなり、やりがいが実感できるとされています。そしてこの重なりが大きいほうが選択肢も増えます。したがって、それぞれの円が大きいこと、さらに3つの円が近いことが望ましいということになります。
　自分の進路を決定する際や就職活動では、重なっている部分がより大きくなるよう3つの円を近づけ、重なっている部分に何があるのかを探ることになります。
　皆さんは、これからの学生生活で、学業はもちろん、部・サークル活動やアルバイト、旅行などを通して、さまざまな経験をし、知識を得ることでしょう。それらを通じて「できること」「やりたいこと」「必要なこと」を増やし（増やしているという意識を持ち、何が増えたか実感することも大事）、円を大きくすることに取り組んでみてください。

① 学生のうちにやってみたいこと（WILL）を具体的に挙げてみましょう。「勉強を頑張る」という抽象的な言葉ではなく、「統計学の授業でわからないことは自分で調べるだけでなく、先生に質問する。そして自分でデータの分析ができるようになる」と具体的に書きましょう。

② 10年後までに実現したいことを挙げ、その準備として学生時代にやっておくべきことを箇条書きで書いてみましょう。

3　キャリアは自己責任か

　かつて男性は学校を卒業したら正社員として就職し、結婚して家庭を持ち、定年まで勤めあげること、女性は結婚して仕事を辞め、子育てをして配偶者と添い遂げることが標準的な人生であり、「ふつう」の暮らしであるとされていました。それが「人生すごろく」のゴールであったわけです。現在の日本の社会システムは、この「ふつう」を前提につくられてきました。

　しかし、これからは「多様化」という社会状況を表現するキーワードが示すように、「ふつう」の生き方というものを見出すことは難しくなっていくでしょう。就活や婚活のように○○活という言葉が数多く出現するなど、自分が望む方向に向けて能動的に人生を切り拓いていく時代です。キャリアの選択肢も増え、性別にとらわれず、何が正しい生き方なのかは個人にゆだねられるようになりました。しかし、選択の自由の代償として、もし環境のせいで苦しい状況に陥ったとしても、それは何もしなかった自分が悪い、つまり「自己責任」であると見なされるようになってしまいました。だからこそ、周りに流されずに「自分らしい」生き方とは何かを模索し、「自分の軸」に従ってキャリアをデザインし続けていく必要性が増しているのです。

　皆さんは、今後の人生の選択を自分自身の判断で行うことについて、どう感じますか。

　このテキストでは、自分が何となくぼんやり感じていることを意識するために、ワークを通じて言語化をします。過去の経験を振り返る時には、何があったのかという事実だけではなく、その時自分がどう感じていたかという気持ちについても、差し支えない範囲で書いたり話したりしましょう。そして「あなただったらどう考えるか」ということを他人に質問してみましょう。他人の視点から自分を見ることによって、自分の意外な一面や新たな選択肢に気づくかもしれません。

🔍学びを深めるために

　自分らしい生き方とは何でしょうか。今に至るまでの自分の人生を振り返り、他人に説明してみましょう。

キャリアとは② 社会人基礎力

第2章

この章で学ぶこと

・社会人と学生の違いとは何でしょうか？
・社会で求められる力を理解しましょう。
・社会人基礎力を向上させるために、どのような学生生活を送ればよいでしょうか？

1 社会人と学生の違い

第1章では今の自分の役割について考えました。学校を卒業し「学生」という役割を終えた後は、また新たな役割を担うことになります。多くの人は、職に就くなど社会を構成する一員として自立することになるでしょう。これを一般的に「社会人になる」、という言葉で表現されますが、社会人と学生では、何が、どのように違うのでしょうか。

●やってみよう [➡ワークシート 2-1（1）]

社会人と学生は何が違うのか、周囲の人と協力して具体的に、数多く挙げてみましょう。そして出た意見を、「社会人に求められるもの・能力」としてまとめ、ワークシートに記入しましょう。

お金に関することや人付き合い、時間の使い方、責任の大小など、さまざまな意見が出たのではないでしょうか。大学生である皆さんも、卒業すると同時にそれらのことが求められることになります。

●やってみよう [➡ワークシート 2-1（2）]

職場での社会人のふるまいとして、ワークシートの2つの事例には問題があります。何が欠けていて、なぜそのような行動や考え方をしてしまうのか、その原因を考えてみましょう。また、具体的にどうすればよかったと思いますか？ もし何が問題なのかわからない場合は、周りの人に聞いてみましょう。

これらの事例では、学生だから、と見逃されてきたかもしれないことが、社会や組織の一員としての行動や振る舞いとしては問題となることを示しています。例えば、大学生にコミュニケーション力の高い人はどんな人を尋ねると、話が面白い、友達が多い、明るい、人見知りしない、などがその回答として挙げられます。しかし、学生の友人コミュニティ内では共通言語が多く、価値観も近しいことが前提にありますが、社会は言語も文化も価値観も異なる人の集まりです。特に何らかの成果を求められ、時に利益が相反する仕事の場面で必要となるコミュニケーション力とは、明るさよりも、相手の話を聴きとる理解力や信頼感のある話し方などでしょう。学生と社会人とでは、能力の定義も

変わってくるのです。

2　社会人基礎力を理解する

　経済産業省は社会人に求められる基本的な力を、「社会人基礎力」として次の通り分類して示しています。

経済産業省「社会人基礎力」①

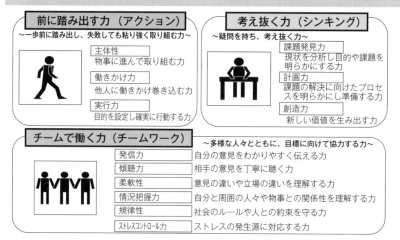

出典：経済産業省「人生100年時代の社会人基礎力」p. 2 （https：//www.meti.go.jp/policy/ki soryoku/kisoryoku_PR.pptx）

経済産業省「社会人基礎力」②

向上させるべき能力（社会人基礎力）			
前に踏み出す力	・一歩前に踏み出し、失敗しても粘り強く取り組む力 ・指示待ちにならず、一人称で物事を捉え、自ら行動する力	主体性	物事に進んで取り組む
		働きかけ力	他人に働きかけ巻き込む
		実行力	目的を設定し確実に行動する
考え抜く力	・疑問を持ち、考え抜く力 ・自ら課題提起し、解決のためのシナリオを描く、自律的な思考力	課題発見力	現状を分析し目的や課題を明らかにする
		計画力	課題の解決に向けたプロセスを明らかにし準備する
		創造力	新しい価値を生み出す
チームで働く力	・多様な人々とともに、目標に向けて協力する力 ・グループ内の協調性だけに留まらず、多様な人々との繋がりや協働を生み出す力	発信力	自分の意見を分かりやすく伝える
		傾聴力	相手の意見を丁寧に聞く
		柔軟性	意見の違いや相手の立場を理解する
		情況把握力	自分と周囲の人々や物事との関係性を理解する
		規律性	社会のルールや人との約束を守る
		ストレスコントロール力	ストレスの発生源に対応する

出典：経済産業省「社会人基礎力」を元に筆者作成。

職場や地域社会で求められる力は「前に踏み出す力（アクション）」と「考え抜く力（シンキング）」、「チームで働く力（チームワーク）」の３つの力であるとし、さらにそれらの力をそれぞれ分解して12の能力要素としてまとめています。

💬 やってみよう [➡ワークシート 2-1 （2）]
　ワークシート①と②の事例では、社会人基礎力のどの力が不足していたといえるでしょうか。当てはまるものをすべて選んで「何が問題か」の箇所に記入してみましょう。

皆さんは、これらの力を社会に出る前の高等教育で身につけておくことが求められています。では現在の時点で、社会人基礎力はどの程度備わっているでしょうか。ワークシートの自己診断表で点検をしてみましょう。

💬 やってみよう [➡ワークシート 2-2 （3）]
　<u>社会人としての責任を果たす力があるか</u>という視点に立って、現在の自分を採点します。そしてなぜその点数になるのか、その根拠となる理由や、実際にその力を使って何かをしたという行動事実を記入しましょう。
　（例）傾聴力「４」、理由：高齢のお客様がアルバイト先のコンビニには多い。何を求めていらっしゃるかわからない時、こちらから質問をするなど、根気よく話を聴いて対応し感謝された。

結果はどうでしたか？　全部の項目が同じ点数だった、ということもあるかもしれませんが、多少差があった場合、高得点の能力は自分の強み、低得点の能力は自分の弱みとして把握しておきましょう。また、自己評価だけではなく、友人や先輩、親、先生など、他人からの客観的な評価も聞いておくとよいでしょう。

3　学生生活で「社会人基礎力」を身につけるには

　学生時代には、大学の授業をはじめとして、「社会人基礎力」を身につけられる多くの機会があります。さまざまな体験を通じて強みをさらに伸ばし、その能力を上手く生かす方法を見出したり、あえて弱みを克服・改善するような活動にチャレンジしたりすることが自分のキャリアを切り開く力をつけるためには必要となってきます。

大学時代の機会

大学の授業	ゼミ活動
知識をただ一方的に受け取るだけでなく、そこから「なぜ？」と論理的に考え、レポートにまとめることで、思考力が鍛えられます。	ゼミの仲間と共同で調査をしたり、興味関心のあるテーマについて研究を進めたりと、大学生ならではの主体的な学びの経験ができます。

アルバイト	旅行
年齢や価値観の異なる人と接する経験は、社会性を身につけるのに大変貴重です。「働く」ことの意味についても考えることができます。	情報を収集して計画を立てるプロセスを経験することができます。また、国内外の文化や人に直接接することで、視野を広げることにつながります。

部・サークル活動	留学
組織の一員として、メンバー全体で目標達成に向けて活動する経験ができます。自分に与えられた役割を果たすにあたり、周りを巻き込む力も必要となります。	言葉の壁や文化の違いなどの困難を乗り越え、楽しむことができれば、自分の力で何かを成し遂げた経験として自信がつくことでしょう。

💬 **やってみよう [➡ワークシート 2-2 （4）]**

　学生生活の活動や行動で、今取り組んでいること、またはこれから「やってみよう」と考えていることを左の欄に具体的に記入しましょう。書き入れたら、その行動や活動内容は、社会人基礎力のどの能力を向上させることにつながりそうでしょうか。例を参考に、○を記入しましょう。
　記入し終わったら周囲の人に話をして、互いにアドバイスをしてみましょう。

　「やりたいこと」が今なくとも、とりあえず何かをやってみる、それが先の「やりたいこと」につながるかもしれません。「無駄だ」、「意味がない」と切り捨てず、自分の可能性を広げる機会と捉え、挑戦してみましょう。実際に行動を起こした結果、「こんなはずじゃなかった」、「やるんじゃなかった」と失敗や挫折を経験することもあるでしょう。しかし、その経験から学べることは多くあります。ネガティブな経験もなかったことにするのではなく、どうしたら上手くいったのか、今後同じようなことがあった時はどうすればよいのか、ということをしっかり振り返っておくことが必要です。

4　「人生100年時代」の社会人基礎力

　社会に出る前に社会人基礎力をつけておく必要性と、どのようにその力を身につけるかを考えてきました。しかし社会に出た後も、個人と企業・組織・社会との関わりはさらにずっと長く続いていきそうです。それというのも、「人生100年時代」の到達が想定されるからです。

　「人生100年時代」における人の職業キャリアはこれまで以上に長くなるだけでなく、社会環境の変化による影響をより大きく受けるようになることが想定されます。つまり一度身につけた能力も、その賞味期間が短期化するため、常に自分の能力を「アップデート」していくことが必要となります。

　そこで経済産業省も社会人基礎力である3つの能力と12の能力要素に加え、あらたに学び続けるために必要な「3つの視点」を示しました。ライフステージの各段階で活躍し続けるために、社会人基礎力はいつでも、どの世代にも求められることになるでしょう。

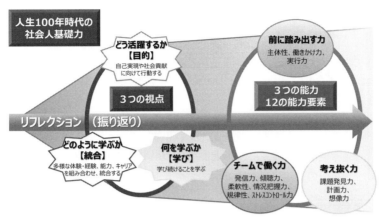

経済産業省「人生100年時代の社会人基礎力」

出典：経済産業省「人生100年時代の社会人基礎力」p. 6（https://www.meti.go.jp/policy/kis oryoku/kisoryoku_PR.pptx）。

🔍 学びを深めるために

　今回は社会人基礎力を自分で評価しましたが、周囲の人（友人、先輩、親、先生、アルバイト先の人）などに、自分にある能力や足りない能力についてヒアリングしてみましょう。自己評価と異なることがあれば、その理由について聞いておきましょう。自己評価を修正する必要があるかもしれません。

第3章 キャリアデザイン①
ライフプランとマネープラン

この章で学ぶこと

・これからどんな人生を望んでいますか？
・今後のライフイベントとお金について考えてみましょう。
・自分の人生にどれぐらいのお金が必要でしょうか？

1 将来の自分を考える

　皆さんは将来どのような人生を送りたいと考えていますか？「まだ先のことだから考えていない」という人も多いのではないでしょうか。しかしながら大学卒業後の進路決定は、その先の人生に大きく関わってきます。特に就職をする場合は、ある程度の将来設計を立ててから就職先を選択しないと、働き始めてから「確認不足だった」「もっと考えて選べばよかった」、と後悔することになりかねません。例えば「どこに住みたいか？」という問いに対する自分の答え次第で、選ぶ企業も変わります。そのため、就職活動前に自分の人生に対する考えを整理しておく必要があります。

　また、先の人生について考えておく必要がある重要な理由の1つに、生活の基盤である「お金」の問題が挙げられます。「結婚する or しない」「住まいを購入する or しない」という選択肢のどちらを選ぶかで、かかる費用が変わってくるでしょう。つまり自分の望む人生を選ぶには、どれだけの資金が必要になるか知っておかなければなりません。お金がなくて何かをあきらめることをできる限り避けるためにも、あらかじめ生涯の支出と収入を想定しておきましょう。

　自分の人生においていつ、何に、どのぐらいのお金が必要なのか、この章では将来設計（ライフプラン）とお金（マネープラン）について考えます。

　次の選択肢に対する今の自分の答えとして最も近いのはどれですか？　また、その理由について考えてみましょう。

① 結婚（したい／いい人がいればしたい／したくない）
② 子ども（欲しい／相手次第／欲しくない）
③ 住む場所（今またはかつて住んでいた場所／初めて住む場所／気ままに転々と）
④ 仕事（したい／生活のためにしなければならない／したくない）
⑤ 長生き（したい／健康ならしたい／したくない）

　人生（ライフ）で起きるさまざまな出来事（イベント）のことを「ライフイベント」と呼びます。一般的に想定されるイベント（下線部がライフイベントにあたる）を参考までに次に挙げておきますが、何歳で、どんなライフイベントを経験するかについては多様化しており、人それぞれです。皆さんの想像する人生では、いつ、どんなことが起こりそうでしょうか。

◆20代前半

　主なライフイベントは、<u>大学卒業</u>と<u>卒業後の進路決定（進学や就職）</u>です。初めて本格的に収入を得るようになり、<u>一人暮らし</u>を始めるなど自立した生活が始まります。

◆20代後半～30代前半

　多くの人にとっての主なライフイベントは<u>結婚</u>と<u>子どもの誕生</u>です。結婚資金や子どもの出産資金、育児資金、教育資金も必要となってきます。ビジネスでは多くの後輩ができ、人によっては<u>転勤</u>、<u>昇進・昇格</u>なども始まり、ビジネスパーソンとしてのキャリアの確立が行われます。

◆30代後半～40代前半

　<u>昇進・昇格</u>や<u>転職</u>、<u>住宅購入</u>などが主なライフイベントで、自分のキャリアを社内外で見直すタイミングになり、転職、<u>独立</u>などを踏まえキャリアを再検討する時期です。

◆40代後半～50代

　<u>子どもの進学や独立</u>、<u>親の介護や相続</u>などが主なライフイベントです。場合によっては、企業で<u>役職定年</u>を迎えたり、<u>早期退職</u>なども考えたりする時期です。

◆60代～

　生活費や健康の問題などを考慮し、いつまで働くか、<u>退職</u>してから何をしていくのか、いきがいを見つける年代です。<u>孫の誕生</u>などもあるかもしれません。

💬 やってみよう【➡ワークシート　3−1（1）】
将来の自分に起こりそうなイベントを挙げ、ライフプランを立ててみましょう。

2　人生における支出

（1）生活費

　では皆さんのライフプランにおいて、どれだけのお金が必要となるか、支出を見ていきましょう。人の暮らしには衣食住のお金がかかります。日常生活を過ごすための費用を生活費といいますが、ひと月にどれぐらいかかっているでしょうか。

💬 やってみよう【➡ワークシート　3−1（2）A】

① ワークシートの「A．1カ月の生活費」の表の「今の自分」欄に、<u>学費を除いた今の生活費</u>を記入しましょう。親が支払っている分は含めず、自分のお小遣いやアルバイト代で負担している金額を計算してみてください。光熱費など、よくわからないものがあれば、記載されている単身者の平均の数値を参考にしましょう。

② ①で概算した「今の自分」の生活費を参考に、60歳までの各年代の生活費を試算しましょう。各年代にかかる生活費を、ライフプランに基づいて記入します。もし結婚を想定しているとすれば、配偶者が働く（収入がある）場合は、2人分の生活費÷2、配偶者が働かない（収入がない）場合は2人分の生活費を記入しましょう。子どもがいると想定する場合は、子どもの人数に応じて生活費を算出してください。住居費は賃貸の場合はその賃貸料を、持ち家の場合はメンテナンスや管理費を記入します。これから自分で家を購入する場合、その金額はここでは記入しません。次の「やってみよう」で記入します。

注：生活費は物価の変動によって変化します。このワークでは、将来も現在と同じ物価であると仮定して計算しましょう。

（2）ライフイベントに関する費用

　生活費の他に、人生には「結婚」「住宅の購入」「子どもの教育」など、お金が必要なライフイベントがあります。なかでも、住宅、教育、老後資金が人生の３大支出とされており、計画的に準備する必要があると言われています。だからこそ、ライフプランをあらかじめ立てておく必要があるといえるでしょう。

💬 **やってみよう [➡ワークシート 3-1（2）B]**

　ワークシートの「B. ライフイベントに関する費用（支出）」の表に、自分の想定するライフイベントにかかる費用を記入しましょう。もし、どのくらいのお金がかかるのかがわからない場合は、インターネットで調べるか、次の目安の金額を参考にしてください。

〈参考〉

・結婚資金の目安金額

　421万円（うち挙式・披露宴347万円、新婚旅行38万円）、ちなみに新型コロナウイルス感染症が流行する前の2019年調査では488万円（うち挙式・披露宴378万円、新婚旅行71万円）

　出典：リクルートマーケティングパートナーズ「ゼクシィ結婚トレンド調査」2022年、2019年。

・教育資金の目安金額

保護者が支出した１年間・子ども１人当たりの学習費総額学費（保護者が子供の学校教育及び学校外活動のために支出した経費の総額）

（単位：万円）

	幼稚園	小学校	中学校	高校
公立	16.5	35.3	53.9	51.3
私立	30.9	166.7	143.6	105.4

大学の学費

（単位：万円）

	入学料	授業料と施設設備費（年）
国立大学	28.2	53.6
私立文科系学部	22.6	96.3
私立理科系学部	25.1	131.5
私立医歯系学部	107.6	381.3
短期大学	23.8	88.9

　出典：幼稚園～高校は文部科学省「令和３年度子供の学習費調査」、大学は「国立大学等の授業料その他の費用に関する省令（平成十六年文部科学省令第十六号）」に定める「標準額」、文部科学省「私立大学等の令和３年度入学者に係る学生納付金等調査結果」を参考に筆者作成。

・住宅の購入目安金額

（単位：万円）

	土地付き注文住宅※	建売住宅	マンション	中古戸建	中古マンション
全国	4455.5	3604.9	4528.5	2614.4	3025.8
首都圏	5132.6	4133.3	4913.4	3151.7	3295.1
近畿圏	4658.5	3578.2	4477.6	2433.9	2654.1
東海圏	4379.2	3138.6	4261.9	2251.6	2208.0
その他地域	3980.4	2905.2	3864.5	2103.5	2601.0

　※　土地付注文住宅の購入価格は、建設費と土地取得費を合わせた金額

　出典：住宅金融支援機構「2021年度フラット35利用者調査」。

★奨学金など学費返済の義務がある人は、その返済計画も立てておきましょう。

3　人生における収入

（1）賃金収入

　人生設計が立てられたところで、その理想の人生を送るためのお金をどうやって得るのか、収入について考えてみましょう。

　収入は、働いて得る労働所得と、不動産や投資などによって得る不労所得の2種類がありますが、ここでは雇用された場合の労働所得について見ていきます。もし60歳まで働いたとして、いったいどれだけの収入を得ることができるのでしょうか。

　新卒から定年までの労働で得られる給与を生涯賃金といいます。この生涯賃金の金額に直接影響するのが、学歴と企業の規模、そして雇用形態（雇用契約の種類を指し、雇用期間に定めのない「正社員」と、雇用期間に定めのある「非正規社員」に分けられる）です。指標として男性の生涯賃金をそれぞれの規定要因別に算出し、表に示しました。なお、正社員は60歳までの賃金と退職金（金額は定年を自由とする場合の勤続20年以上のもの）を含めた金額を、非正規社員はフルタイムで働いた場合の退職金を含まない（非正規社員に退職金を支給する企業が少ないため）60歳までの賃金を計算しています。

　ところで、なぜ正社員と非正規社員の生涯賃金に差が表れるのでしょうか。右の雇用形態別月収（残業代などを含まない所定内給与額）の推移を示したグラフを見てみましょう。

　正社員と非正規の賃金は、男性女性ともに20代ではそれほど差はありません。しかし、30代以降その違いが顕著に表れてきます。これは昇進・昇

男性の生涯賃金

（単位：百万円）

	正社員平均	企業規模別			非正規平均
		1000人以上	100～999人	10～99人	
高校卒	219.0	262.9	212.0	187.0	126.1
高専・短大卒	225.6	262.2	218.8	197.8	127.8
大学・大学院卒	280.8	318.0	268.1	219.0	159.9

出典：労働政策研究・研修機構『ユースフル労働統計2022』を元に筆者作成。

雇用形態、性、年齢階級別賃金（月収）

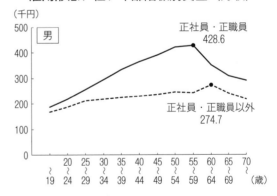

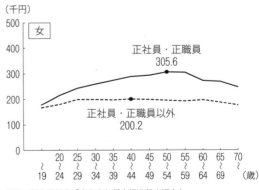

出典：厚生労働省「令和3年賃金構造基本調査」。

格に伴う昇給がある正社員と、それがない非正規の違いといえるでしょう。さらに企業によりますが、正社員には賞与が支給されます。これらの結果が生涯賃金の差につながっていることがわかります。

🗨 やってみよう［➡ワークシート 3-2（4）］
生涯賃金表を見て、気づいたことを具体的に挙げてみましょう。また、自分の生涯賃金はどれぐらいと想定しますか？

　しかし、実は賃金はすべて自由に使えるわけではありません。皆さんも「手取り」という言葉を耳にしたことがあるのではないでしょうか。実際に支給されるのは、提示された金額から税金や社会保険料などが差し引かれた額です。これら税金や保険料のように、自分で自由に使うことができない支出のことを「非消費支出」といいます。実収入に対する非消費支出の割合は平均で約2割ですが、収入が高いほど負担は高くなります。自分が使える金額を正しく把握するためにも、非消費支出の存在を知っておきましょう。

🗨 やってみよう［➡ワークシート 3-2（5）］
ワークシートの給与明細のうち、「非消費支出」に当てはまるものを□で囲みましょう。また、控除（差し引いた）額と支給（手取り）額を計算してみましょう。

（2）お金を借りる
　ライフイベントなどまとまったお金が必要な時に、手持ちの資金が足りないこともあるでしょう。その場合はその後の収入を想定して金融機関からお金を借りたり、ローンを組んだりすることになります。皆さんも住宅ローンや自動車ローンという名前を耳にしたことがあるのではないでしょうか。いずれも返済する能力の有無について審査があり、担保となる資産や収入がなければ、借金やローンを組むことができない場合があります。
　また、借金やローンを組む場合には返済のことを考え、次の3点を十分に検討しておきましょう。
① 金利：利息（借りた側が貸す側に支払う手数料）の利率のこと。借りる金額・期間・目的によって変わり、金利は低い方が返済総額は少なくなる。
② 返済期間：借り入れたお金を完済するまでの期間のこと。期間は短い方が返済総額は少なくなる。
③ 頭金：代金の一部を先払いするまとまったお金のこと。頭金は多い方が返済総額は少なくなる。

4　老後のお金

　ここまでは、60歳までの支出と定年までの収入について考えてきました。残るは3大支出のうちの1つ、老後資金です。老後の収入としては、公的年金の支給が考えられるでしょう。公的年金は20歳以上の日本国内に住むすべての人の加入が義務付けられている国民年金と、民間企業に勤める会社員や公務員が加入する厚生年金保険があります。厚生労働省「令和3年度厚生年金保険・国民年金事業

の概況」によると、国民年金を納めていた人の平均受給金額は56,479円／月（保険料納付済期間25年以上の場合）、厚生年金保険に加入していた人の平均受給金額は145,664円／月となっています。支給額は物価などさまざまな要因によって、年ごとに変動します。また、現在公的年金の支給が開始されるのは65歳以上からですが、厚生年金に加入していた人で所定の条件を満たしていた場合、一部を65歳前から受け取ることができます。ただしこの支給開始年齢も、少子高齢化が進むにつれて引き上げられることも想定しておく必要があるでしょう。

　高齢になると医療費もかさむため、毎月の生活費を公的年金だけで賄うのには限界があります。その場合は、貯蓄から不足分を補わなくてはなりません。老後資金として必要な金額は、夫婦で2,000万円とも2,500万円とも言われています。皆さんのライフプランでは、いくら必要になるでしょうか。

> 💬 **やってみよう [➡ワークシート 3-2（6）]**
> 　老後資金として、どれくらい必要でしょうか。またその資金はどうやって作りますか？

> 　20歳以上になると、学生にも国民年金保険の納付（令和5年度の保険料は月16,520円）が義務付けられています。経済的に負担が大きい場合は、学生納付特例申請を近くの年金事務所に提出することによって、在学中の保険料納付が猶予されます。

> **コラム 2　注意！　大学生のお金に関するトラブル**
>
> ① クレジットカード
> 　18歳から親の同意なしにクレジットカードを作ることが可能です。現金を持ち歩かなくてよいなど便利な面もありますが、支払い能力を超えた金額の買い物をしないという自己管理が必要です。また、リボルビング払いや分割払い、カードローンはすべて金利がかかることを考慮したうえで使用しましょう。キャッシングサービスも借金ですので、当然金利がつきます。無計画に利用することのないよう気をつけましょう。
>
> ② マルチ商法（ネットワークビジネス）
> 　商品やサービスを契約し、次に自分が他の人を勧誘することによって紹介料や報酬を得る商法です。最近は投資で儲けられるという誘いに高額な代金を支払い、トラブルになるケースが増えています。なぜ儲かるのか仕組みや実態を理解しないまま安易に契約することは避けましょう。

🔍 学びを深めるために

> 60歳以降の支出と収入についてもプランニングしてみましょう。

第4章 自己理解①
主観的な自分

この章で学ぶこと

・自己概念について理解しましょう。
・自分について他人に話すことに抵抗はありますか？
・自分の過去を振り返り、自分の幸せのものさしに気づきましょう。

1 キャリアと自己概念

　キャリアの研究者であるスーパーは、キャリアは自己概念を具現化したものであると表現しています。では、自己概念とは何でしょうか。

　自己概念とは、「自分とは何か」「自分はどのような存在か」と自分が自分自身をどのように受け止め、どのように捉えているかというイメージのことであり、私たちは誰でも自己概念をもっている(宮城 2002)とされています。例えば、「絵を描くのが得意だ」「人見知りである」「雨が降ると憂鬱」「サッカーを観るのが楽しい」など、自分の事だと思いつくものすべてが「自己概念」であると考えるとわかりやすいかもしれません。

　では、これまで自分のことを"深く"考えたことがあるでしょうか？「自分はどんな人なのか」「何をしてきたのか」、「どんな性格で、どんな価値観を持っているのか」など、改めて自分のことを理解しようと意識したことはありましたか？ この章では、自分のことを理解するため、知るための方法として「"自己概念"を考える」ということに注目していきます。

　それでは、自分の内面と深く話をしてもらうこととしましょう。

💬 やってみよう [➡ワークシート 4-1 (1)]
　自分を表現する「私は〜」で始まる文を20文挙げてみましょう。挙げ終わったら、自分をよく表している本質的な文章 5 文に○をつけてみましょう。

チェックポイント
　20文を書いたプロセスと内容を振り返り、気づいたことを記入しましょう
　・書き終わるまでの時間（短いか長いか、すぐに書けたか、途中どこかで止まったか）
　・内容（誰から見てもわかる表面・外見的なこと、自分にしかわからない内面的なこと、どちらが多いか）
　・○をつけた記述のある場所（前半に多いか、後半に多いか、全体にまんべんなくか）
　・書いている時の気持ち（楽しいか、つらいか）

　「私」について書き出してみていかがでしたか？ なかなか書けなかった、表面的な記述が多かった、

という場合は、これまで自分自身のことを客観的に考える機会がなかった、という理由が考えられます。あるいは自分に向き合うことが恐い、自分の内面をさらけ出すことが恥ずかしい、というような、もっと深い心理的な理由があるかもしれません。

　自分の情報を他人に伝えることを自己開示といいます。自分について他人と共有することは心理的安全を高められる効果があり、ある程度の自己開示をしたほうが、人付き合いが上手くいくことがあります。ただし、自分のことをすべて知らせる必要はありません。このテキストのワークを進めながら、自分の個人的なことがらをどこまでだったら他人に開示してもよいか、という境界線を探っていくとよいでしょう。

　20の文章を書き出すワークを通じて、自分の自己開示への抵抗感の有無や、自己表現の得手不得手、自己理解の度合いが見えてきたのではないでしょうか。それもまた新たな自己概念として加えてみましょう。

2　自分の過去をさかのぼる

　さらに眠った自己概念を掘り起こすために、自分の人生を過去から現在までをたどり、「ライフラインチャート」という図にまとめてみましょう。

🗨 やってみよう [➡ワークシート 4-1（2）]

① 客観的に見て、自分はどんな子どもだったと思いますか？　家族の話を参考にしても構いません。今と比較してどうでしょうか。変わっていますか？　それとも変わっていないでしょうか。

② 下の表にそれぞれの時期に起きた出来事、その出来事に関わった人物、その時の自分の感情を差し支えない範囲で記入しましょう。

	出来事	関わった人	その時の感情
小学校入学前			
小学1〜3年生 （6歳〜8歳）			
小学4〜6年生 （9歳〜12歳）			
中学生			

	出来事	関わった人	その時の感情
高校1年生			
高校2年生			
高校3年生			
大学入学以降			

出来事のヒント：家族関係、友人関係、学校での勉強、学校での行事、部活動、アルバイト、社会で起きたこと、趣味、引っ越し、病気・ケガなど

　次に、「ライフラインチャート」を作成しながら自分の感情と向き合います。「ライフラインチャート」とは、人生で起きた出来事と、その出来事によって自分の気持ちがどう変化したかを1本の曲線で表したもの、いわば自分の人生を1枚の図にしたものです。チャート図の横軸は時間（年齢）、縦軸は気持ち（満足度や充実度）を表しています。

💬 やってみよう【➡ワークシート 4-2（3）】
　「作成手順」と「Aさんのライフラインチャート」を参考にしながら自分のライフラインチャートを作成してみましょう。

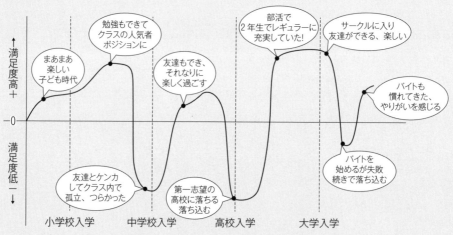

【大学生Aさんのライフラインチャート】

【作成手順】
① それぞれの年齢で起きた出来事を、当時の自分の気持ちに応じて（図の上に行けば行くほどプラスな気持ちが強い状態、同様に下に行けば行くほどマイナスな気持ちが強い状態を表す）、点（・）を打つ。
②「0歳の0」を基準点とし、点と点を1本の曲線でつなぐ。
③ 点を打った箇所にどんな出来事があったのか、その時どんな気持ちだったのかを記入する。

3　ライフラインチャートから自分を探る

（1）ライフラインチャートを見るポイント

　描いたチャートを見て、自分の人生を振り返ります。「プラス／マイナスが多い」「浮き沈みが激しい／ない」など、でき上がったライフラインチャートの形は人によって異なりますが、以下のポイントに従って、自分の人生を捉えてみましょう。

見る時のポイント
・マイナスからプラス（プラスからマイナス）に変わった時の出来事とその理由
・最上点や最下点はいつどのような時のものか
・最近の傾向（上がっているのか下がり始めかなど）とその理由

💬 **やってみよう［➡ワークシート　4-2　（3）］**
　　どのような状況にあると幸せに感じ、どのような状況にあると不満を覚えるのか、気づいた自分の価値基準をチャート内に記入してみましょう。

（2）他人のライフラインチャートを見る

　自分のライフラインチャートを捉えることができたら、周りの人に自分の人生に起きた出来事を共有してみましょう。もし、記載した内容で伝えたくないものがある時は、共有できる範囲で話してみましょう。そしてお互いに共有して気づいたことを書き留めてみましょう。

見せ合う時のポイント
・「正しい、正しくない」、「勝った、負けた」というものではない
・お互いの人生や価値観を尊重したうえで感想を述べあう
・＋の経験と－の経験、自分にとってどちらが話しやすいかを認識する

　今回行った2つのワークは、これまで自分が大切にしてきたことや自分の感情の浮き沈みの要因を探るためのツールです。これから先、さまざまなことを決断していくための判断基準である自分だけの軸、「ものさし」に気づくことはできたでしょうか。

🔍 学びを深めるために

・自分のライフラインチャートを確認し、もしもう一度人生をやり直すことができるとしたら、いつどの状況からやり直したいですか？　そしてそれはなぜか、考えてみましょう。
・「私は」から始まる文章で、新たな自分についての気づきがあったら書き足しておきましょう。

第**5**章 自己理解②
客観的な自分

<u>この章で学ぶこと</u>

・あなたの自己概念は現実と合致していますか？
・正しく自分を理解するための手法を理解しましょう。
・自己開示と他人からのフィードバックを体験しましょう。

1　自己概念を修正する

　前の章では自己概念について学び、「本当の自分」に迫る自己分析ツールとして「私を説明する文章」「ライフラインチャート」ワークを紹介しました。

　自己概念は時に問題を引き起こします。なぜなら、自分で自分をどう捉えているか、ということは、そこに「そうありたい理想の自分」が投影されてしまったり、「自分なんか」というマイナスの感情が自らの可能性を制限してしまったりするなど、必ずしも本当の自分と同一であるとは限らないからです。歪んだ自己概念は周囲との間に乖離を生み、現実との不適応につながります。そのような状況を避けるためには、より現実に即した自己概念に修正するか、自己概念に合わせるように自らの行動を変えていくしかありません。

　そこでこの章では、できるだけ周囲の人々や社会との接点を意識した、現実に近い自己概念を形成するために、自分を客観的に見る手法を知っておきましょう。その方法として以下の3つが挙げられます。

　① 自分について話す（相手に自分を理解してもらえるよう言語化する。）

　② 他人に相談する（自分へのフィードバックをもらう。他人の考えを受け入れる。）

　③ 性格検査を受ける（客観的指標で自分を測る。）

　今回はこれらのうち、①と②を用いて自己概念を鍛えていきましょう。

2　自己理解の方法

（1）ジョハリの窓

　人は複雑な性格や特性を意図的、または無意識に使い分ける多面性を持っています。アメリカの心理学者ジョセフ・ルフトとハリ・インガムは、対人関係における気づきのモデルを提唱し、これを「ジョハリの窓」と名付けました。人間には、自分の性格や特性

ジョハリの窓

		自　分	
		知っている	知らない
他人	知っている	① 開放の窓 <small>公開している自分</small>	③ 盲点の窓 <small>他人だけが知っている自分</small>
	知らない	② 秘密の窓 <small>自分だけが知っている自分</small>	④ 未知の窓 <small>誰も知らない自分</small>

について、① 自分も他人も共通して知っている領域（開放の窓）、② 自分は知っているが、他人はそうであることを知らない領域（秘密の窓）、③ 他人はそうだと認識しているのに、自分では気づいていない領域（盲点の窓）、そして④ 誰も知らない領域（未知の窓）の４つの領域があるとしました。

> 🗨 **やってみよう [➡ワークシート 5-1]**
> ・自分が認識している私の性格や特性を挙げてみましょう。
> ・周囲の人々（家族、友人、顔見知りなど、できれば複数名）が認識している私の性格や特性を挙げてもらいましょう。あまり親しくない人には自分の印象について聞いてみてください。
> ・自分も他人も共通して認識している性格や特性を ① 開放の窓に、自分だけが認識していた性格や特性を ② 秘密の窓に、他人だけが認識していた性格や特性を ③ 盲点の窓に記入してみましょう。

この「ジョハリの窓」は他者と自分との関係について気づきを促し、コミュニケーションの取り方を模索するツールとして使われています。中でも、人間関係を円滑に進め、自分の能力を発揮しやすいのは、「開放の窓」が広い状態だと言われています。この窓を広げるには、自己開示によって他人に見せていない自分の側面を知ってもらい「秘密の窓」の領域を小さくすること、そして他人からのフィードバック

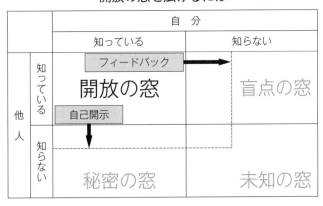

を受け入れることにより「盲点の窓」の領域を小さくすることです。自分の傾向を理解したうえで、「開放の窓」を広げるよう意識してみましょう。

（2）私の取扱説明書の作成

次に、自己開示の手法の１つである「私の取り扱い説明書」の作成に取り組んでみましょう。

家電製品などを購入すると、機能や仕様の説明、使用上の注意点が書かれた取扱説明書がついています。自分を製品に例え、周りの人に取り扱い方法を説明するとしたら、どのような文章で表現されるでしょうか。

> 🗨 **やってみよう [➡ワークシート 5-2]**
> ・サンプルを参考に、ワークシートの項目に従って自分の特性や傾向を他人に説明するように文章で表現しましょう。ユーモアを交えてみると興味深く読んでもらえるかもしれません。
> ・記入した説明書を他の人に読んでもらいましょう。そのうえでどんな印象を持ったか、コメント（フィードバック）をもらいましょう。

サンプル

私の取り扱い説明書

製品名（名前、呼び名）
○○ △△　　△△と呼んでください。

見た目の特徴
身長は平均よりやや低め、体重の変動は大きいですが、最近は増える一方です。髪の毛は今は長いですが、夏に短くなりがち。時々寝ぐせがあります。だいたい黒かモノトーンの色の服を着ています。姿勢は悪く、猫背なので、後ろ姿ですぐにわかります。

性能（できること、得意なこと）
料理が得意です。料理は冷蔵庫にあるもので、何でも作れます。カレーはスパイスから作る本格派で、家族には評判です。手先が器用なので、スマホとか手持ちのモノをデコしがち。集中して何かをするのが好きなので、まったく苦になりません。

上手な使い方
ほめられると調子に乗ります。なので、どんどんほめてください。新しいことをさせるときは、のみこみが遅いので、説明を丁寧にしてください。うまく稼働した後は、自分の世界に入るので、放っておいて大丈夫です（むしろその方がよい）。

使用場面・場所
静かな場所を好みます。温度は暑くもなく、寒くもなく、23℃ぐらいがちょうど良いようです。夏と冬は屋外には置かないようにしてください。大学の中だと、○○教室が使用するのに一番適しています。

使用前に準備すること
使用前には充分な睡眠を取らせて、ゆっくり体を休ませましょう。さらに充電（エネルギー補給）を十分にしておくと、スピードが出てよい動きをします。

スイッチの入れ方
「今日もよろしく」と笑顔で一声かけてください。

お手入れのしかた
時々甘いものを摂らせてください。特におしゃれなカフェでケーキを与えると調子が良くなります。ただし与えすぎると体重が増えるので、ほどほどに。あとは、暑い場所におくと故障しがちなので、気をつけてください。

使用上の注意
体力はあるので、長時間使用しても問題はありませんが、プレッシャーに弱いので、あまり圧をかけないようにしてください。

故障かな？ と思ったときは
しばらく放置しておくと、勝手に動き出すことがあります。1日たっても動かない場合は、お手数ですが、「どうしたの？」と声をかけ、話を聞いてあげてください。愚痴も多いですが、そこは申し訳ありませんが、聞き流してください。

その他
最初は人見知りをしますが、慣れてくると面白い言動をして飽きさせません。長くお付き合いください。

★こちらは一例です。サンプルの文章にとらわれることなく、自由に書いてみましょう。

自分の説明を書いてみて、人に説明してみて、他人からフィードバックをもらって、どのように感じましたか？　客観的に自分を捉えることができたでしょうか。自分の性格や特徴を上手く説明できない、言語化できないという人は、他人からの評価を参考にするのもよいかもしれません。また、性格などを診断する適性検査をインターネットなどで行ってみることも1つの方法です。診断結果の中から自分を表す言葉であると思えるもの、共感できるものを、自分を表現する言葉としてメモに残しておくとよいでしょう。反対に、他人や性格検査のフィードバック内容が自分の思っている自分と異なる場合、「これは違う」「間違っている」と無視せず、もしかしたらそういう面もあるのかもしれない、という視点で自分を捉え直してみましょう。

　心理学者のスーパーによると、自己概念は変化するといいます。これからも「自分はこういう人間だ」という過去の認識や思い込みにとらわれることなく、日々新しい自分を発見して自己概念をアップデートしていきましょう。

▶アセスメント（客観評価）ツール使用時の注意

　自分を客観的な指標で評価する方法として、アセスメントツールの受検が挙げられます。アセスメントは職業に対する興味（第6章参照）を測るものや、個人の性格や行動特性を測るものがあり、設問に対し自分の傾向や好み、考え方に近い選択肢を選んで回答する形式がほとんどです。自己理解を深めるにあたり、MBTI、エゴグラム、エニアグラム、ビッグファイブ理論を元にした性格検査など、インターネット上で診断のできるアセスメントもありますので、もし興味があれば試してみるとよいでしょう。ただし、診断結果に良し悪しはありません。性格検査の目的は自分を診断されたタイプに当てはめることではなく、回答のプロセスや結果の検証によって新たな気づきを得ることにあります。偽らずに本来の自分について答え、自己概念を捉え直すきっかけにしましょう。

🔍学びを深めるために

- もし性格や特性を形容する言葉が思いつかない場合は、**第11章1（2）**のキーワードを参考にしてみましょう。
- いつも一緒にいる人やたまに話す人、挨拶を交わす程度の人、アルバイト先で一緒に働いている人など、できればさまざまな関係性の人に自分の印象について尋ねてみるとよいでしょう。その関係性の違いによって、あなたを形容する言葉は変わるのか、変わらないのか、自分の多面性について検証してみてください。
- 自分の取扱説明書の通りに自分を扱ってみましょう。自分をよりよい状態にできるでしょうか？

社会を知る①
働くとは

この章で学ぶこと

・働く目的は何でしょうか？　給与以外に何が得られるのでしょうか？
・働くうえで自分が大切にしたい「軸」は何でしょうか？
・自分に合った働き方や仕事とは何でしょうか？

1　働く目的

　人は何のために働くのでしょうか。「食べるために働く」というように、生活の基盤となる収入を得ることは1つの大きな目的かもしれません。しかし、どのように働くのか、どこでどんな仕事をするのかは、人によって好ましい状況が異なります。そして私たちのキャリアはその時の社会や環境の影響を強く受けてしまうため、思ったような方向に進まないことも、予定を変更しなければならない時もあります。

　そのような中でも自分が働くうえで大切にしたい価値観や、キャリア選択の判断基準となる軸について、この章では考えてみましょう。

> 💬 **やってみよう〔➡ワークシート 6−1（1）〕**
> 　人は何のために働くのか、箇条書きで挙げてみましょう。お金を稼ぐことはもちろん、ほかにないか考えてみてください。反対に、もし働かないという選択をした場合、収入がなくなる以外にどんな不利益がありそうでしょうか。

　何のために働くのか、というと生活費の確保や自己実現のように、自分のためだと答える人が多いかもしれません。しかし、本当に自分のためだけなのでしょうか？　実際に、働いている社会人に「仕事をしていて、やりがいを感じる時は？」と尋ねると、「お客様にありがとうと言ってもらえた時」と答える人が多くいます。内閣府による令和元年6月調査「国民生活に関する世論調査報告書」によると、働く目的を尋ねる質問に対する回答は、「お金を得るために働く」56.4％、「社会の一員として、務めを果たすために働く」14.5％、「自分の才能や能力を発揮するために働く」7.9％、「生きがいをみつけるために働く」17.0％という結果でした。つまり、自分の仕事が人の役に立っていることや、社会をよくしている実感を得られることは、働くモチベーションとなりうるのです。

　個人に限らず世の中にどんな価値を提供するか、ということは企業であれ自治体であれ、組織にとって存在意義に関わる大きな命題です。どんな組織で働くかを選択する時には、自分の価値観と合致するか否かを、必ず検討項目に入れておいてください。

　一方で、社会貢献の意識が低いという人も、実は社会システムを維持するために一役買っています。

日々の暮らしを営む基盤となる公共の仕組みは、私たちが税金を納めることや、社会保障制度に使われる社会保険料を納めることによって成り立っているからです（第3章参照）。

　働く目的や動機になるものは、恐らく1つではないでしょう。しかしその中には人それぞれの優先順位があります。自分にとって一番大切なものを考えてみましょう。

　仕事に対するモチベーションは人それぞれですが、その中に共通性を見出そうとする研究は古くから行われています。その中の1つ、アメリカの心理学者ハーズバーグは、仕事に対する満足度は、満足に関わる要因（動機付け要因）と不満足に関わる要因（衛生要因）があり、それらは別のものである、という二要因理論を提唱しました。

　この理論によると、たとえ高い給与をもらえたとしても、不満足は解消されるものの満足度が高まるわけではないようです。

ハーズバーグの二要因理論

動機付け要因にあたるもの 満たされると満足するもの	仕事の達成感、他人からの承認、仕事そのもの、責任範囲の拡大、昇進・能力向上
衛生要因にあたるもの 満たされないと不満足になるもの	会社の政策と経営、上司の管理方法、給与、対人関係、作業条件

2　キャリア・アンカー

　キャリアを決定する際、その選択は人によって異なる判断基準によって判断されます。その際どうしてもあきらめたくないと感じる能力（コンピタンス）・動機・価値観をキャリアの指向性といい、これを、第1章「キャリアの意味」でもふれた心理学者、エドガー・H・シャインはキャリア・アンカーと名付けました。アンカーとは船が海の上で流されないようにするための重り、錨（いかり）のことです。このキャリア・アンカーは8種類のカテゴリーに分類され、ほとんどの人がこの8種類のいずれかに属するとされています。

　キャリア・アンカーは実際の仕事体験を通じて発展・発達し、見出されるものですから、仕事体験のない学生にはまだ形成されていないものです。しかし、自分は「何のために」働くのかを考えるうえで参考になる理論ですので、今回はこの8種類のアンカーを使って、自分の働く目的について考えてみることにしましょう。

8つのキャリア・アンカー

キャリア・アンカー		望ましい状態
①	専門・職能別能力	自分の持っている専門家としての才能を発揮し、挑戦できる
②	経営管理能力	組織の中で高い地位について担当部門の方針を決定し、成果に責任を持つ
③	自律・独立	自分の仕事と進め方を自分なりに決めるなど、自分の好きなようにできる
④	保障・安定	安定した雇用と財務的な保障のもと、仕事を続けることができる
⑤	起業家的創造性	自己の能力により障害を乗り越え、組織や企業を創造する
⑥	奉仕・社会貢献	世の中をよりよくし、人の助けになるような価値あるものを実現できる
⑦	純粋挑戦	解決不能と思われる問題を解決することや困難な障害を乗り越えることに取り組む
⑧	生活様式	自分個人と家族とキャリア、それぞれのニーズのバランスがとれている

出典：シャイン（2003）、シャイン（2009）を元に筆者作成。

自分が社会に出た後、どんな働き方をしていることが望ましいと思いますか。自分の将来像を思い浮かべながら、表の「8つのキャリア・アンカー」から1つを選んでください。次に、この中で自分はそれほど重要視しないと思われるものを1つ選びましょう。そして、なぜそれを選んだのかという理由をワークシートに記入しましょう。

記入し終わったら、周囲の人に自分の働き方について話をしてみましょう。

これまでのワークによって、何のために働くのかについて考えてもらいました。これから皆さんは、さまざまな活動や人との出会いを通じて、今は隠されている新たな自分の才能や能力に気づくことでしょう。その反対に、挫折を経験することもあるでしょう。そうした学生生活の中で、働くことで得られるものは何か、これからの人生で大切にしたいことは何か、時々自分に問いかけることが大切です。そのことが自分のキャリアの方向性を見つけ、将来のキャリア・アンカーにたどりつく手掛かりになるかもしれません。

また、参考として、社会で働いている人、つまりキャリア・アンカーが既に形成されている人が、何のために働いているのか、関心を持ってみるとよいでしょう。すると自分に近い考え方の人やまったく反対の考え方の人など、それぞれが多様な価値観を持っていることに気づきます。

3　自分に合った働き方

（1）労働条件

次に、働き方について考えてみましょう。自分にとって働きやすい職場、または働きにくい職場とはどのような職場でしょうか。その2つを見極めるには、仕事の内容や企業の事業内容だけでなく、働く場所や労働時間、給与などの労働条件にも目を向けておく必要があります。ハーズバーグによると労働条件は衛生要因にあたり、働くうえでの不満要素となります。人によって望む状態や優先順位が異なるため、具体的に考えてみましょう。

💬 やってみよう ［➡ワークシート 6-2 （3）］

大学卒業後の働き方を想定した時、以下のそれぞれの労働条件について、自分が望む状態を考えてみましょう。また、①～⑥の中から最も重視する労働条件を1つ選び、理由について考えてみてください。

労働条件	自分が望む状態
①場所	どこにいてもできる、その現場でないとできない、いつも同じ場所、場所が変わる、自宅から近い、建物が新しいなど
②時間	毎日同じ時間、シフト勤務、仕事に応じて自分で決められる、など
③休み	土日休み、平日休み、など
④身体	動かす、動かさない、など

⑤対象	人と接する、モノと接する、など
⑥給与	成果に応じて変わる、ある程度決まっている、など

（2）ホランドの職業選択理論

　身体を動かすことが好きな人が、室内でずっと椅子に座って仕事をすることを苦痛に感じるように、人の特性によって仕事の向き不向きがあります。アメリカの心理学者であるホランドは、パーソナリティ（人の興味・関心や特性、行動）は6つのタイプに分類され、人を取り巻く環境（職業）もまた同様の6つに分類されると考えました。そしてパーソナリティと環境のタイプが合致しているほど、その環境で上手くやっていける可能性が高く、合っていなければ不適応を生じやすくなると説明しています。そうしたことを考えると、自分の適性や興味関心に合った職業を選択するために、自分のタイプを理解しておくことも必要かもしれません。

　それでは、ホランドの6つのタイプから、自分の特性に合っているものを検討してみましょう。

💬 **やってみよう [➡ワークシート 6-2（4）]**
　以下の表を参考に、自分に最も近いものと2番目に近いものを挙げてみましょう。

6つのタイプ

現実的タイプ Realistic	物、道具や機械、動物などを対象とした、明確で、秩序だった、かつ体系化された操作を伴う活動を好む	大勢に順応する、物質主義的、現実的な、独断的、自然な、目立たない、誠実な、通常の、断固とした
研究的タイプ Investigative	物理学的、生物学的、文化的諸現象を、実証的、抽象的、体系的および創造的に研究する活動を好む	分析的、自律的、急進的、注意深い、知的、合理的、複雑、内省的、目立たない
芸術的タイプ Artistic	芸術的（言語、美術、音楽、ドラマ、文筆など）作品の創造を目的とした、あいまいで、自由で、体系化されていない活動を好む	複雑、想像力に富む、直感的、きまぐれ、感情的、衝動的、開放的、感受性が強い、表現力に富む、理想主義的
社会的タイプ Social	他者に影響を与えるような、情報伝達、訓練や教育、治療や啓蒙のような活動を好む	付き合いがいい、頼り甲斐がある、信頼できる、協力的、社交的、親切な、忍耐強い、温厚
企業的タイプ Enterprising	組織目標の達成や経済的利益を目的とした他者との交渉を伴う活動を好む	貪欲、精力的、強気、冒険的、熱心、楽天的、野心的、自信家、はっきり主張する
慣習的タイプ Conventional	組織の目標や経済的目標達成のために資料を系統的に、秩序的、体系的に扱うことを必要とする活動を好む	用心深い、融通が利かない、ねばり強い、順応的、内気、良心的、規律正しい、徹底的、行儀のよい

出典：ホランド（2013）を参考に作成。

　今回は自分のパーソナリティについて考えましたが、次の章で職業や仕事の特性についてみていくこととします。

予期せぬ出来事に対応するために

　人生には、自分が望んだ通りにならないこともあります。その乗り越え方について、2人の心理学者によるキャリア理論が参考になるかもしれませんので、紹介しましょう。

① ナンシー・K・シュロスバーグ
　シュロスバーグは人生の役割、人間関係、日常生活、自分に対する見方が変わるような出来事を「転機」と捉えました。さらに、期待していたことが起きること、または予想していなかったことが起きることを「イベント」とし、期待していたことが起きなかったことを「ノンイベント」の2つに分類しました。転機を乗り越えるために、4つの資源、① 状況（Situation）、② 自己（Self）、③ 支援（Support）、④ 戦略（Strategies）（その頭文字をとって4S）を点検する必要性を挙げています。

② ジョン・D・クルンボルツ
　クルンボルツは、人生における予期せぬ出来事はキャリアに大きな影響を及ぼし、かつ望ましいものであるとする「計画された偶発性理論（プランドハプンスタンスセオリー）」を提唱しました。確実な偶然を引き寄せるためには次の5つのスキルが必要だとしています。
　1）好奇心　　新しい学びの機会を模索する
　2）持続性　　失敗に負けずに努力し続ける
　3）柔軟性　　姿勢や状況を変える
　4）楽観性　　新しい機会は必ずやってきて、それを自分のものにすることができると考える
　5）リスク・テイキング　結果がどうなるか見えない場合でも行動を起こす

🔍 学びを深めるために

　家族や知り合いの中で働いている人に「なぜ働くのか」、「働いていてどんな時に面白さややりがいを感じるのか」、話を聴いてみましょう。人それぞれの働く目的ややりがいの違いについて、気づいたことをまとめておきましょう。

第7章 社会を知る② 仕事理解

この章で学ぶこと

・なぜ仕事を理解する必要があるのでしょうか？

・職種と業種、2つの切り口から仕事を捉えてみましょう。

・それぞれの仕事の特徴を考えたうえで、自分が働くとしたらどんな仕事がよいでしょうか？

1　仕事を理解するとは

　人が何かを選ぶ時、知らないことは選択肢にはなりえません。それは職探しにおいても同様で、知識や情報が少なければ、おのずとキャリアの選択肢は少なくなります。自分のキャリアの可能性を広げるためには、まず世の中にどんな職業があるのかを知ること、次にそれぞれの職業が、誰に、どんな価値を、どのように提供する仕事なのかを理解し、その仕事を全うするためにどんな能力が必要なのかを考えてみましょう。この一連の作業を「仕事理解」といいます。この章では多様な職業を、どのように知り、それぞれの職業の仕事理解をどう深めていくかについて学びます。

　しかし、仕事を理解するといっても世の中には多種多様な仕事がありますので、一つひとつ見ていくと時間がかかります。そこで、仕事を分類して自分の興味関心のある分野から優先順位をつけて調べていくのが効率的です。このテキストでは仕事の分類の切り口として、「職種」と「業種」の二つを取り上げます。「職種」とは、どんな仕事をする職業なのか、という仕事・業務内容の種類を指し、「業種」とは会社や個人がどんな事業を行っているかという事業分野の種類を指します。例えば、食に興味があるから、将来は食品メーカー（業種）で働きたい。その会社では、食品をつくる仕事（職種）ではなく、自社商品のよさを広めていくような営業（職種）の仕事をしたいというように、自分の強みや得意なことを反映させたものを「職種」、興味関心の対象を「業種」と捉えるとわかりやすいかもしれません。

　就職を考える際は、業種を絞ってから職種を考えても、職種を決めてから業種を考えてもどちらでも構いません。ただし、混同しないように分けて考えましょう。

> 🗨 **やってみよう [➡ワークシート 7-1（1）]**
> ワークシートの設問に従って回答し、「職種」と「業種」の違いについて整理しましょう。

2　職種から見た仕事

（1）職業分類

　世の中にどんな職業が存在するのか、職業の種類を独立行政法人労働政策研究・研修機構『第5回改訂　厚生労働省編職業分類　職業分類表　改定の経緯とその内容』(https://www.jil.go.jp/institute/seika/s

hokugyo/bunrui/documents/shokugyo05.pdf）にある職業分類表をつかって概観してみることにしましょう。分類表によると、現在の日本の職業は18,725種類もあるようです。また、現在の職業分類表は2022年に改定されたもので大分類が15ありますが、前回の2011年改定版の大分類が11分類であったことと比較すると、社会や環境に応じて職業にも変化があることがわかります。

　では、この分類表を使い、「事務職」という職業を掘り下げてみましょう。

　事務職は、「机に向かってパソコンで何かを入力している」という漠然としたイメージを持たれがちですが、実際にはどんな仕事を指すのでしょうか？

　職業は15の大分類によって分けられており、事務職は06の「事務的職業」に当たります。さらに中分類表を見ると事務的職業も10の種類に分けられることがわかります。そこで「総務・人事・企画事務の職業」の小分類を見ると、総務事務員、人事事務員、企画・調査事務員とあります。総務や人事が事務職だというのはわかるような気がしますが、企画や調査の事務とはどういった職なのでしょうか。その該当例を見ると、具体的な職業名の記載とともに「所管業務の企画・立案、業務計画の作成、新商品の企画などの仕事並びに市場調査・統計調査・世論調査・その他の調査の企画及び調査結果の分析などの仕事に従事するものをいう。収集した資料・情報を分析する仕事にもっぱら従事するものを含む。」という説明があります。この説明を読むと、「商品企画開発事務員」という職種の仕事が具体的にどんなことを指すのか見えてきませんか？

　このように、分類をたどっていくことで職業の仕事の内容や、その幅の広さが見えてきます。ワークに従い、調べてみましょう。

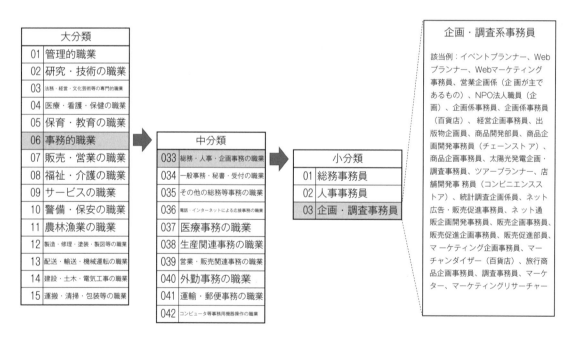

　● やってみよう【➡ワークシート 7-1（2）】
　①「国会議員」、「ツアーコンダクター」は職業分類表のうち、どの分類にあたりますか？
　②分類表の中で、興味、関心を持った職種を挙げてみましょう。

（2）自分に向いている職種

　興味のある職種を探すにあたり、前章で触れたホランドの職業選択理論も手がかりの１つです。ホランドは、職業的な満足や安定性、業績は、個人のパーソナリティとその人の働く環境との一致度によって決まると考えました。前章で分析した自分のタイプに合った職業を確認してみましょう。

ホランドの興味領域と関連のある職業領域

現実的タイプ Realistic	機械や物体を対象とする具体的で実際的な仕事や活動の領域	動植物管理の職業、工学関係の職業、機械管理の職業、生産技術関係の職業、手工業技能の職業、機械・装置運転の職業
研究的タイプ Investigative	研究や調査のような研究的、探索的な仕事や活動の領域	動物・植物・生理学関係の職業、物理科学関係の職業、社会調査研究関係の職業、生産工学関係の職業、数理・統計学関係の職業、医学関係の職業、情報処理関係の職業
芸術的タイプ Artistic	音楽、芸術、文学などを対象とするような仕事や活動の領域	美術・彫刻・工芸関係の職業、舞踊関係の職業、文芸関係の職業、音楽関係の職業、演劇・演出関係の職業、デザイン・イラスト関係の職業
社会的タイプ Social	人と接したり、人に奉仕したりする仕事や活動の領域	社会奉仕の職業、医療保険関係の職業、各種の対個人サービスの職業、学校教育・社会教育関係の職業、販売関係の職業
企業的タイプ Enterprising	企画・立案したり、組織の運営や経営等の仕事や活動の領域	経営管理関係の職業、広報・宣伝関係の職業、営業関係の職業、管理的事務関係の職業、財務関係の職業、報道関係の職業
慣習的タイプ Conventional	定まった方式や規則、習慣を重視したり、それに従って行うような仕事や活動の領域	経理事務関係の職業、警備・巡視の職業、一般事務の職業、文書整理・保管の職業、法務関係の職業、編集・校正関係の職業

出典：労働政策研究・研修機構（2002）を元に筆者作成。

💬 **やってみよう［➡ワークシート 7-2（3）］**
　自分のタイプに当てはまる職業領域を見て、どのように思いますか？ 興味関心は持てるでしょうか。持てるとすればどんなところが合っていると思いますか？ 持てないのであれば、他のタイプで興味関心のあるものはどのタイプでしょうか。気づいたことを記入しましょう。

　ホランドの６つのタイプは相互の関係から、六角形モデルとして次の図のようにまとめられており、隣のタイプ同士は関係が強く、距離が離れるほど関係性が弱いことを示しています。また、六角形モデルの基礎を成すのは４つのワークタスクであるとされます。自分の興味と特性に応じた職業とは何かを考える際に、参考にしてみましょう。

ホランドの六角形モデルとワークタスクディメンション

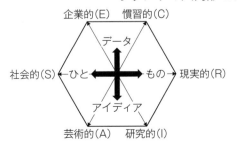

データ	事実を記録し、データ化する、検証する、整理する。
アイディア	何かを新しい方法で表現する、創造、発見、抽象的なことを考える。
ひと	人を援助する、知識を伝える、奉仕する、もてなすなどの対人的な活動
もの	生産、輸送、整備などの身体的活動や対物的な活動。

ホランドの理論を元に大学生を主たる対象として開発された心理テストに「VPI職業興味検査」があります。興味のある人は調べてみるとよいでしょう。

3　業種から見た仕事

業種とは、事業の種類を指し、何を扱うか、によって分類されています。業種を取り扱う事業やサービスによってさらに細分化した分類を業界といいます。よく○○に関わる仕事がしたい、といいますが、この○○にあたるものが業界といえるでしょう。

業種については総務省による「日本標準産業分類」を見てみましょう。こちらも大分類⇨中分類⇨小分類と細分化されています (https://www.soumu.go.jp/toukei_toukatsu/index/seido/sangyo/02toukatsu01_030000 23.html)。

例えばファッションに興味のある人が、アパレル関連の企業に就職をしたいと考えたとします。その場合、どんな業種の企業に就職すればよいのでしょうか。以下の産業分類の大分類表の中から、当てはまるものを選んでみましょう。

A．農業、林業	F．電気・ガス・熱供給・水道業	K．不動産業、物品賃貸業	P．医療、福祉
B．漁業	G．情報通信業	L．学術研究、専門・技術サービス業	Q．複合サービス事業
C．鉱業、採石業、砂利採取業	H．運輸業、郵便業	M．宿泊業、飲食サービス業	R．サービス業 (他に分類されないもの)
D．建設業	I．卸売業、小売業	N．生活関連サービス業、娯楽業	S．公務 (他に分類されるものを除く)
E．製造業	J．金融業、保険業	O．教育、学習支援業	T．分類不能の産業

洋服を作る「製造業」や売る「卸売業、小売業」が直接的に関係あるだろうというのは想像できますが、それだけではありません。例えば素材の原料を生産する農業も関わりがありそうですし、売上データの管理やトレンド分析、ネット販売には情報通信技術が欠かせません。また、最近のアパレルはシェアリングサービスと呼ばれる物品賃貸業の分野にも参入しています。一口に「ファッションに関わる」といっても、ビジネスの相手が消費者である個人 (BtoC) なのか、企業なのか (BtoB)、どのようにして利益を出すのか (ビジネスモデル) によって、事業内容も変わってきます。

ビジネスモデルの違い

B to B Business to Business

🏢 ←→ 🏢 ：企業と企業の取引

B to C Business to Consumer

🏢 ←→ ☺ ：企業と一般消費者の取引

なんとなくファッションが好き、という興味関心を入り口として、そこから自分が関わるとしたら？ と考えを掘り下げてみましょう。洋服なのか、靴や化粧品という雑貨なのか、商品を作りたいのか、売りたいのか。そのためには、原材料から消費者の手に渡るまでのファッションのどの工程があるのかを知り、自分は世の中にどんな価値を提供したいのかを検討してみてください。

アパレルに関わる業種

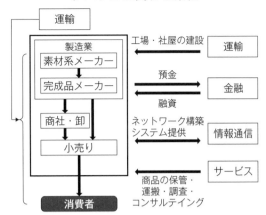

（□は業種を示す。太い□で囲まれている部分が一般的にアパレル業界と呼ばれている。）

💬 **やってみよう [➡ワークシート 7-2 （4）]**
① 「アパレルに関わる業種」の図の中で、「BtoC」である業界を挙げてみましょう。
② 自分が興味ある業種、業界を複数挙げてみましょう。

　この章では「職種」と「業種」の2つの切り口から自分の興味に合った仕事とは何かについて考えました。皆さんは「職種」と「業種」のどちらからのアプローチの方が考えやすかったでしょうか。今後も時代とともに業種や職種もどんどん新しいものが増えていきます。大学生活におけるさまざまな経験を通し、どんな事業分野でどんな仕事をしたいか探索していきましょう。

🔍 学びを深めるために

　厚生労働省の「職業情報提供サイト（日本版 O-NET）」の「個人での利用」サービスを使うと、自分の適職診断や職業検索ができます。利用してみましょう（https://shigoto.mhlw.go.jp/User/PersonalUse）。

第8章 社会を知る③
今後の社会

この章で学ぶこと

・社会（身の回りで起きていること）を知りましょう。
・今後の社会について考えましょう。
・社会の動きが自分のキャリアにどのような影響を及ぼすでしょうか？

1　社会に対する意識

　皆さんは、日頃ニュースをチェックしていますか？　関心がないことや共感できない出来事を排除してはいないでしょうか？　インターネットは、上手く使えば瞬時にどんな情報も収集できるツールです。しかし、最近ではアルゴリズムによって、自分がよく検索するワードや閲覧履歴に関連する「おすすめ」ばかりが表示されるようになり、情報収集にも偏りがでてしまうようになっています。そのことによって自分の狭い興味の範囲内で起きていることや、そこで交わされている意見があたかも世間一般のことのように錯覚して社会との乖離が生じたり、自分の興味外で起きていることに無頓着になってしまったりしがちです。そうなると、世の中の流れについていけず、社会に適応しづらくなるかもしれません。

　また、キャリアは環境との相互作用によって変化しますので、社会で起きていることは何らかの形で皆さんのキャリアにも影響を及ぼします。今何が起きているのかはもちろん、そこから今後どうなっていくかという見通しを立てていくことはキャリアデザインにおいては不可欠なのです。

🗨やってみよう［➡ワークシート　8-1（1）］

　最近のニュースで気になることは何ですか？　それはなぜですか？　そしてなぜそのニュースが気になるのか、その理由も併せて書いてみましょう。

2　今後の社会を考える

（1）20年後になくなるかもしれない仕事？

　それでは、皆さんのキャリアに関わりのある身の回りの仕事について考えてみましょう。次の表は今から20年後にはなくなると言われている仕事です。これらの仕事はなぜなくなってしまうのでしょうか。

🗨やってみよう［➡ワークシート　8-1（2）］

　今後、なくなるかもしれないと言われている仕事はなぜそのように予想されているのでしょうか。その職業に就いている人はどうするのか、気になったこと、感じたことを書き出してみましょう。

なくなるかもしれない？　と言われている職業

IC 生産オペレーター	金属熱処理工	製粉工	バイク便配達員
一般事務員	金属プレス工	製本作業員	発電員
鋳物工	クリーニング取次店員	清涼飲料ルートセールス員	非破壊検査員
医療事務員	計器組立工	石油精製オペレーター	ビル施設管理技術者
受付係	警備員	セメント生産オペレーター	ビル清掃員
AV・通信機器組立・修理工	経理事務員	繊維製品検査工	物品購買事務員
駅務員	検収・検品係員	倉庫作業員	プラスチック製品成形工
NC 研削盤工	検針員	惣菜製造工	プロセス製版オペレーター
NC 旋盤工	建設作業員	測量士	ボイラーオペレーター
会計監査係員	ゴム製品成形工（タイヤ成形を除く）	宝くじ販売人	貿易事務員
加工紙製造工	こん包工	タクシー運転者	包装作業員
貸付係事務員	サッシ工	宅配便配達員	保管・管理係員
学校事務員	産業廃棄物収集運搬作業員	鍛造工	保険事務員
カメラ組立工	紙器製造工	駐車場管理人	ホテル客室係
機械木工	自動車組立工	通関士	マシニングセンター・オペレーター
寄宿舎・寮・マンション管理人	自動車塗装工	通信販売受付事務員	ミシン縫製工
CAD オペレーター	出荷・発送係員	積卸作業員	めっき工
給食調理人	じんかい収集作業員	データ入力係	めん類製造工
教育・研修事務員	人事係事務員	電気通信技術者	郵便外務員
行政事務員（国）	新聞配達員	電算写植オペレーター	郵便事務員
行政事務員（県市町村）	診療情報管理士	電子計算機保守員 （IT 保守員）	有料道路料金収受員
銀行窓口係	水産ねり製品製造工	電子部品製造工	レジ係
金属加工・金属製品検査工	スーパー店員	電車運転士	列車清掃員
金属研磨工	生産現場事務員	道路パトロール隊員	レンタカー営業所員
金属材料製造検査工	製パン工	日用品修理ショップ店員	路線バス運転者

出典：野村総合研究所『日本の労働人口の49％が人工知能やロボット等で代替可能に～601種の職業ごとに、コンピューター技術による代替確率を試算～』を元に筆者作成。

　リンダ・グラットン（2012）は、１．テクノロジーの進化、２．グローバル化の影響、３．人口構成の変化と長寿化、４．社会の変化、５．エネルギー環境問題の深刻化によって、働き方そのものを変えていかなければならないと述べており、これから社会に出る皆さんは、これからの社会を見据えながらキャリアを形成していく必要がありそうです。

> 💬 やってみよう［➡ワークシート 8-1 （3）］
> 　今は「VUCA」の時代と言われています。では、「VUCA」とは何でしょうか。インターネットを使って調べ、調べたことを他人に説明するように、自分の言葉に置きかえて表現してみましょう。授業でこのテキストを使っているのでしたら、隣の席の人、授業でなければ、あなたの家族を想定して書いてください。

　インターネットに書かれている言葉を理解せずに、ただそのまま書き写しただけであれば、残念ながらあなたの能力は AI によって代替される能力でしかない、ということになります。説明する相手を見て、その人に興味をもってもらえるように、わかりやすく例えを出すなどの工夫をしてみましょう。

（２）少子高齢化

　少子高齢化が問題になって久しいですが、日本では出生率が低下する一方、平均寿命の延長による高齢化が同時に進行しています。そのため、今後人口に占める高齢者（65歳以上）の割合がさらに増え、若年者（15歳から35歳）の割合が低下していきます。少子高齢化は皆さんの生活やキャリアにどのような影響を及ぼすのでしょうか？

　少子高齢化の影響について社会保障を例に考えてみましょう。社会保障とは、社会で国民全体の生活を支える仕組みですが、医療、年金、介護、子育てへの対応が主なものです。

〈医　療〉　すべての人が必要な時に必要な治療を受けられる制度
〈年　金〉　今働いている世代が支払っている保険料を年金給付に充てる仕組み
〈介　護〉　自分らしい暮らしを人生の最後まで続けるための介護保険制度
〈子育て〉　子ども・子育てを社会全体で支える仕組み

　医療、年金、介護については、少子高齢化が進むと、今の働き手世代や今後の働き手である皆さんへの負担割合が大きくなっていくことになります。少子高齢化問題は、日本全体で取り組んでいかなければならない課題なのです。

💬 やってみよう [➡ワークシート 8−2（4）]

　現在の人口ピラミッドを見て、気づいたことを記入しましょう。また、今後20年後、50年後の日本社会がどうなっているかを考えてみましょう。

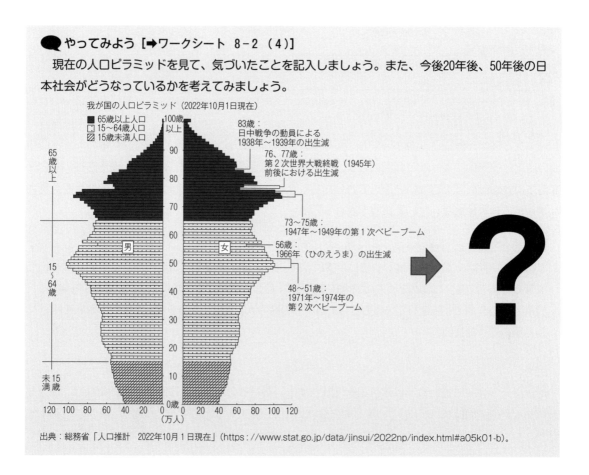

出典：総務省「人口推計　2022年10月1日現在」（https://www.stat.go.jp/data/jinsui/2022np/index.html#a05k01-b）。

3 持続可能な社会のために

社会の変化の中で、今後皆さんがどういったことを考え、働き、生活していくことが必要になるのでしょうか。

今の国際的な動きとして、「持続可能な開発目標（SDGs＝Sustainable Development Goals）」が挙げられます。持続可能な開発目標とは、地球上の誰一人として取り残さない（leave no one behind）持続可能でよりよい社会の実現を目指す世界共通の目標であり、2015年9月の国連サミットで採択されました。2030年の達成年限に向け、国際連合（United Nations）を中心として、世界的な取り組みが行われています。SDGs は17の目標と169のターゲットから構成されていますが、これらの諸問題・課題は地球に住む私たち全員が自分自身の問題と捉え、行動していく必要があるものと認識しておきましょう。

SDGs17の目標

1	貧困をなくそう	10	人や国の不平等をなくそう
2	飢餓をゼロに	11	住み続けられるまちづくりを
3	すべての人に健康と福祉を	12	つくる責任使う責任
4	質の高い教育をみんなに	13	気候変動に具体的な対策を
5	ジェンダー平等を実現しよう	14	海の豊かさを守ろう
6	安全な水とトイレを世界中に	15	陸の豊かさも守ろう
7	エネルギーをみんなにそしてクリーンに	16	平和と公正をすべての人に
8	働きがいも経済成長も	17	パートナーシップで目標を達成しよう
9	産業と技術革新の基盤をつくろう		

💬 やってみよう［➡ワークシート 8-2（5）］

SDGs の17の目標の中から、自分が特に問題であると思うものや興味関心があるものを選び、その理由や目標達成に向けて何が必要かについて記入しましょう。

先のことを予測するためには、社会で今起きていることや過去起きたことを知っておく必要があります。今後どう変わっていくかを考えながらニュースを見るようにしましょう。

🔍 学びを深めるために

社会に存在する問題や課題を解決するためのビジネスを考えてみましょう。

社会を知る④
ワークルール

この章で学ぶこと

・アルバイトとして働くにあたり、自分が守らなければならないルールを理解しましょう。

・労働者としての自分を守ってくれるルールを知りましょう。

　皆さんの中には、これまでにアルバイトで働いた経験がある人もいるかもしれません。お金を稼ぐということの大変さや、仕事をすることの責任の重さなどを実感しているのではないでしょうか。この章では、アルバイトとして働くにあたって守らなければならないルールや、労働者として守られるべきルールがあることを学びます。アルバイトもただお金を稼ぐという目的だけではなく、社会に出る前に社会を知る良い機会と意識しながら働けば、貴重な社会経験となるでしょう。

1　労働者が守るべきルール

　他の人と協力し合って、職場である企業や組織の業務が円滑に進むようにしなければなりません。そのために定められた職場のルールは、しっかり守りましょう。

（1）時間

　出勤時間や退勤時間、休憩時間など、決められた時間通りに動くことが必要です。例えば、もしあなたが遅刻をしてしまった場合、誰かがあなたの代わりを務めなければならないことになります。他人に負担をかけることのないよう、時間管理はしっかりと行いましょう。もし時間に遅れてしまうようなことがあれば、そのことがわかった時点（例えば電車の遅延など）で職場に連絡を入れましょう。

（2）服装・身だしなみ

　学生は髪型や服装などで自分らしさを表現することがあります。しかし仕事をするうえでは企業の一員ですから、企業の方針や仕事内容に合わせて身だしなみを整えることが必要です。特にお客さまと接点のある仕事に就いている人は、社内のルールに沿った服装、身だしなみで仕事をすることが求められます。

（3）コンプライアンス

　コンプライアンスは、「法令遵守」と訳されます。しかし法律を守るということは当然のことで、それだけでは十分ではありません。企業はお客様や取引先、従業員、株主、地域などのステークホルダー（利害関係者）に対し社会的責任を負っていることから、社会全体の期待（社会規範）に応える必要があるのです。コンプライアンスを守ることは企業にとってリスクを適切に管理することとなり、企業価値を高めることにつながります。

アルバイトという立場であっても企業の一員として、コンプライアンスに反するような行動をしてはならないのは当たり前のことです。しかし、学生がアルバイト先でふざけている動画や写真、一般常識に反するようなコメントをSNSで不用意に公開し、それが拡散されて炎上するような事例が後をたちません。時にはそのアルバイト先が廃業に追い込まれたりもしています。また、学生が企業から訴えられたり、学生本人の氏名や大学名などが特定され、個人情報がネット上に残ってしまったりする事態にもなっています。浅はかな行動は他人や自分の人生を大きく変えてしまうのです。

社会規範には倫理観や道徳観など、時代とともに変化するものも含まれますので、注意が必要です。これからも常に世の中の動きやニュースなどの情報を把握しておくようにしましょう。

（4）守秘義務

企業や団体で働く労働者には守秘義務があります。業務上知りえた情報（その仕事をしていなければ知ることができない情報）や個人情報は、外部に漏らしてはなりません。SNSにあげてはならないのはもちろんのことですが、データや情報を社外に持ち出さないようにしましょう。

💬 **やってみよう [➡ワークシート 9-1（1）]**
ワークシートの①～④の事例について、コンプライアンスに反するかどうか考えてみましょう。

コンプライアンス意識は、行動する前に「この行為は問題ないかな？」と一旦考えることによって養われます。もしアルバイト中にわからないことや自分では判断がつかないことが起きた場合は、職場の社員に確認してから行動するようにしましょう。また、周りの友人や仲間に流されて正常な判断力を失わないようにしましょう。

2　労働者が守られるルール──ワークルールを理解する

ここまでは、労働者として自分が守らなければならないルールについて学びました。その一方で、弱い立場に陥りやすい労働者は、労働法によって守られていることを知る必要があります。働く時に必要な法律や決まりのことを「ワークルール」といいます。この章では、アルバイトに関わるワークルールについてみていくことにしましょう。

（1）労働契約

アルバイトを始めるには、一般的に職場の社員の方と面接などのあとに、採用が告知されます。この時に雇う側（使用者といいます）と雇われる側（労働者）には労働契約が結ばれたとみなされますが、使用者は賃金や労働時間などの労働条件を労働者に明示しなければなりません。
特に下の6項目については、書面で渡さなければならないことになっています。
　①　契約の期間（いつまでか）
　②　契約を更新する時のきまり（更新があるかどうか、更新する場合の判断基準）
　③　仕事場所や仕事内容（勤務場所、どんな仕事をするのか）

④ 働く時間や休み（始業・終業時間、休憩時間、休日・休暇、残業の有無）

⑤ 賃金（計算方法、どうやって支払われるのか）

⑥ 退職（辞める時のきまり、解雇の事由も含む）

　皆さんがアルバイトを始める時は、この書面にある労働条件を必ず確認してから受け取ることが重要です。働き始めてから説明と違うことがあった場合には、この書面を元に異議申し立てをすることができますので、大切に保管しておきましょう。口頭での説明だけだったり、回収されてしまったりした場合は雇い主側のルール違反です。皆さんから請求しておきましょう。

（2）賃金

　労働者に支払われる賃金は、最低賃金法に基づいて賃金の最低額が定められており、その額を下回ると違法となります。都道府県によって最低額は異なりますので、自分の住んでいるところやアルバイト先のある地域の最低賃金を調べておきましょう。

　また労働基準法により、使用者は賃金を ① 通貨で、② 直接労働者に、③ 全額を、労働者に、④ 毎月１回以上、⑤ 一定の期日を定めて支給しなければなりません（賃金支払いの五原則）。また、労働者が時間外労働や深夜労働（夜10時以降早朝５時まで）を行った場合は、それぞれ25％の割増賃金を支払わなければなりません。

（3）労働時間

　アルバイトも所定の時間を超えた労働時間は残業として認められ、残業代として割増賃金が支給されなければなりません。労働基準法では労働時間は週40時間、１日８時間と定められていますので、それを超える労働は時間外労働（残業）にあたります。

　また、休憩は労働時間が６時間を超える場合は45分、８時間を超える場合は少なくとも１時間の休憩時間を与えなければならないことになっています。また、休憩時間は労働時間には含まれませんので、電話当番や来客の対応などの業務とは切り離されるよう、配慮されなければなりません。

（4）その他

　アルバイトを含め、業務を原因とするケガや病気は労働災害（労災）の扱いになります。その治療費は労災保険から支払われますので、労働者本人は治療費の支払いの必要はありません（治療時にいったん立て替える必要はあります）。また、業務を原因とするケガや病気のために働けない状態となり、その間の収入が得られないということがあれば、その休業に対する補償給付も受けられます。業務が原因のケガや病気をした場合は、すみやかに会社に報告するようにしましょう。

　🗨 **やってみよう〔➡ワークシート 9-2（2）〕**
　ワークシートの⑤〜⑧の事例のような相談を友人から受けたとしたら、どのような助言をしますか？　ワークルールを元に考えてみましょう。

　ワークルールを知っておくことは、労働者としての自分を守ることになります。労働に関する相談窓口もありますので、１人で抱え込まず、誰かに相談するようにしましょう。

3 「ブラック企業」

　ニュースなどで「ブラック企業」という言葉を聞いたことはありませんか？　実際に「ブラック企業に就職して大変」という人の話を耳にしたことがあるかもしれません。ブラック企業の形態はさまざまで、定義することは難しいのですが、厚生労働省によると「① 労働者に対し極端な長時間労働やノルマを課す、② 賃金不払残業やパワーハラスメントが横行するなど企業全体のコンプライアンス意識が低い、③ このような状況下で労働者に対し過度の選別を行う」ようなことが一般的な特徴として挙げられるとしています。

　最近では「ブラックバイト」という言葉も聞かれるようになりました。学生の間でもアルバイト先で「長時間労働をさせられる」、「辞めさせてもらえない」、「学校の授業や試験があるのに休ませてもらえない」、「ノルマがあって売れ残りを買い取らされる」などという事例が起きています。こうした行為は違法にあたります。「おかしい」と異議申し立てをして、もしトラブルになるようでしたら、周囲の大人や、各都道府県労働局や地方自治体（県庁など）にある相談窓口に相談してみましょう。

💬 **やってみよう〔➡ワークシート 9-2（3）〕**
　ブラック企業から自分の身を守るために、心がけたいことを挙げてみましょう。

> **▶職場のパワーハラスメントについて**
> 　厚生労働省の「明るい職場応援団」サイトでは、次の要素をすべて満たすものを職場のパワーハラスメントとして定義しています。
> 　① 優越的な関係を背景とした言動
> 　② 業務上必要かつ相当な範囲を超えたもの
> 　③ 労働者の就業環境が害されるもの
> 　そして、客観的にみて業務上必要かつ相当な範囲で行われる適正な業務指示や指導は、パワーハラスメントに該当しないとされています。
> 　パワーハラスメントの状況は多様ですが、代表的な言動として次の6類型が示されています。
> ① 身体的な攻撃、② 精神的な攻撃、③ 人間関係からの切り離し、④ 過大な要求、⑤ 過小な要求、⑥ 個の侵害
> 　自分がする側・される側となることを防ぐために、どんなことがハラスメントに当たるのか理解を深めておきましょう。

🔍 **学びを深めるために**

> 　もしアルバイトをしているのであれば、自分の労働条件通知書を見てみましょう。その内容と自分の働き方や待遇との間に違いがないか、確認してみましょう。
> 　また、自分の住んでいる都道府県の最低賃金を調べてみましょう。最低賃金の高い地域と低い地域には、どのような違いがあるでしょうか？

第10章 キャリアデザイン②
大学生活の設計

この章で学ぶこと

・なぜ目標設定が必要なのか理解しましょう。
・なりたい自分になるために、大学生活の目標を立てましょう。
・PDCA サイクルを理解し、意識して活用できるようにしましょう。

1 大学生に目標設定が必要な理由

　これまで学んできたように、キャリアは過去から現在、現在から未来へと連鎖していくものです。将来どんな生活をして、どんな仕事に就き、どんな人々と関係を築いていきたいのか、自分の望む人生を実現するためには経験や準備が必要であり、人生のそれぞれの時期にやっておくべきことがあります。そこでこの章では、人生における大学生活のあり方を捉え直し、有意義な学生生活を送るための目標と具体的な行動計画を設定します。

　これまでの人生を振り返って、「もう少し努力していたら、部活でよい結果が得られたかも」「もっと勉強しておけばよかった」など、何かやり残したことや後悔のようなものはありませんか？　実は、就職活動時に自らの大学生活を悔やむ声をよく耳にします。なぜなら、企業の選考では、「どんな勉強に取り組んだか」や「学生時代に頑張ったこと」といった、学生生活における成長経験が重視されるからです。そのため、選考前になって「何も話せることがない」、「成功体験も失敗体験もない」などと後悔するケースが多いのです。就職活動に限らず、学生時代を価値あるものとするために、今しかできないことを先送りせず、何かを始めてみましょう。

2 目標達成のための要素を抽出する

（1）マンダラチャートの作成

　大学生活の目標と行動計画を立てるにあたって、いきなり行動計画を立てるのではなく、マンダラチャートという目標達成ツールフレームワークを用いて具体的に多面的に捉えてみましょう。

　マンダラチャートは右の図のように、9 × 9、計81マスで構成されており、その中央のマスに最終的に叶えたい大きな目標（大目標）を書き入れることから作成を始めます。

　大目標の周りには、その大目標を達成するための要素を8つ、①～⑧のマスに書き入れます。そして①～⑧の要素に関する小目標をそれぞれ8つずつ書き入れていくのです。

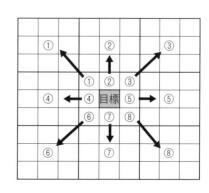

では、作成準備に入りましょう。まず、マンダラ中央の目標（大目標）を考えます。

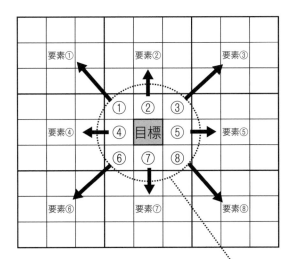

大学卒業時までに達成したいことや、どんな大学生活を送りたいか、目標をいくつか書き出してみましょう。

・

・

・

・

・

書き出した「目標」候補から１つに絞って大目標を決めましょう。
これが、あなたのマンダラチャートの中心となります。

次にその目標とその要素を８つ考えます。
右の例を参考にしてみましょう。
この例の大目標（マンダラチャートの中心）は
「悔いのない大学生活を送る」です。
「悔いのない大学生活」を達成するには、どのような要素が満たされれば良いのでしょうか？ 卒業時、または将来大学時代を振り返ったときに「悔いのない」ということは、反対に何をしなかったら悔いが残りそうなのでしょうか？

　目標を達成する場面、機会、方法、環境、人などを考えながら要素を８つ挙げていきます。**第２章**では社会人基礎力を身につけるための大学生活の機会について考えました (p. 14)。それらも思い出しながら、これからの目標と８つの要素を考えて、次のページのマンダラチャートの中央の９つのマスに書き入れましょう。

（例）

学業	人間関係	就活
アルバイト	悔いのない大学生活を送る	社会貢献
旅行	健康	家族

💬やってみよう

マンダラチャートの中央9マスに記入した言葉（目標とその要素）を具体的に文章化して下の欄に直接記入しましょう。

	記入した言葉	なぜそれを挙げたのか、具体的な説明
目標		
目標を達成するための要素 ①		
②		
③		
④		
⑤		
⑥		
⑦		
⑧		

　1つの目標を設定し、達成するための要素を挙げて言語化したことで、これからいつ、どこで、なにを、誰と、どうすれば達成できるのか、イメージがわいてきましたか？
　さらに、マンダラチャートを書き進めていくことにしましょう。

　次は、マンダラチャートの中央に書いた①〜⑧の要素を、周囲のマスに展開して掘り下げます。まず、例のように中央からそれぞれの8つのマスに①〜⑧の要素を書き写してみましょう。そして、それぞれの要素（例では学業）の周りの8マスに、 要素に関わる具体的な行動目標を書き入れていきます。

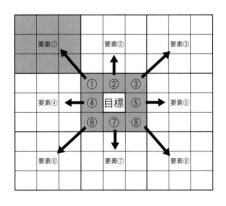

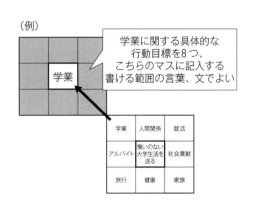

（例）

学業に関する具体的な
行動目標を8つ、
こちらのマスに記入する
書ける範囲の言葉、文でよい

①〜⑧の要素に関し、具体的に自分は何をすればよいのかを考えながらマスを埋めていきます。できること、やりたいこと、自分が具体的にどのように行動するのか、行動に移せることを書き足していきましょう。小さなことでも構いません。「これをやる」と明確に言語化することが大切です。

（例）

○○学を学ぶ	PC操作タイピング	プレゼンPPT
図書館の本を読む	学業	課題は出た日に
ゼミ活動	検定試験勉強毎日	無遅刻無欠席

（例）は学業の場面での行動目標の一部です。
マンダラチャートのマスのなかに書ける範囲で書いてみましょう。

● やってみよう［➡ワークシート 10-1〜2 （1）］
① それぞれの要素に関わるの行動目標（小目標）を書き出してみましょう。
② 行動目標の難易度（難しいものに◎・中程度のものに○・簡単なものに△）を記入しましょう。
③ 行動目標（小目標）の優先順位の高いものに○をつけましょう。できれば各要素2つずつ選んでみてください。

3 行動計画を立てる

　漠然とした内容が具体的に示されることによって、今すべきことが明らかになったのではないでしょうか。しかし、目標は設定しただけでは達成できません。目標を立てた、今日、この時点から PDCA サイクルを意識して回していくことが大切です。

　PDCA サイクルとは、計画、実行、評価、改善を表しており、実際に自分が立てた目標が達成できるように、計画（Plan）➡実行（Do）➡評価（Check）➡改善（Action）➡計画……の順に進捗を管理していくことです（ コラム 4 「PDCA サイクルとは」参照）。

● やってみよう［➡ワークシート 10-2 （2）］
　マンダラに書いた行動目標を「いつ」までに達成するのか、行動計画を立てましょう。
何からできそうか、何からやるべきか難易度や優先順位を考えて、これからの大学生活に見通しを立てていきましょう。

　これまで述べてきたように、今の社会では不確実な世の中での自己責任によるキャリア形成が求められています。皆さんは自分でキャリアデザインを行っていくにあたり、自らで目標を立て、PDCA サイクルを回し続けることで乗り越えていかなければなりません。自分の大切な将来に向けたキャリアの一歩として、まずは学生生活の目標達成に向けて行動していきましょう。

コラム 4　PDCA サイクルとは

　PDCA サイクルとは P＝Plan（計画）、D＝Do（実行）、C＝Check（評価）、A＝Action（改善）の略で、あらゆる場面で活用できるものです。当然ビジネスの世界でも利用されています。皆さんの身の回りでも知らず知らずのうちに活用していることが多いのです。

　例えば PDCA とは知らずに行っている例を挙げてみましょう。体重を夏（8 月）までに 5 kg 減らしたいと考え、4 月に「食事制限で体重を落とそう」と"計画"を立てたとします。実際に食事制限を"実行"して、6 月に体重をチェック（"評価"）しました。「あれ？　まだ 1 kg も減ってない。そういえば 5 月に一度嫌になって継続できていなかったな。」「よし間に合うように食事制限と運動を取り入れて頑張ろう。運動は、これから毎日、駅から学校までバスを使わずに自転車で行こう。」というようにして"改善"することになります。これはスポーツや学業で成果を出したい時も同じで、皆さんが何か目標を立てた時には、比較的自然に行っているものもあると思います。あえて PDCA と意識することで、より効果的に目標達成に近づけるものになります。

　　・Plan（計画）目標を設定し、具体的な計画に落とし込む
　　・Do（実行）立てた計画を実際に実行する
　　・Check（評価）途中で成果を測定、評価する
　　・Action（改善）必要に応じて修正を加える

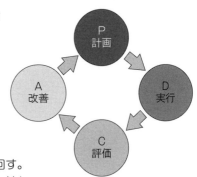

【目標達成に近づくためのポイント】
　①PDCA サイクルを繰り返す
　　⇒ 1 回で完結しない。1 つの事柄に対して何度も実践
　　　していく。
　②PDCA サイクルを回す回数を多くする⇒短いスパンで回す。
　③目標を常に意識する⇒立てた目標を忘れない。常に目に触れ
　　るように心がける。

🔍 学びを深めるために

・インターネット上にはスポーツ選手などの有名人が作成したマンダラチャートが掲載されています。どんな行動計画を立てているのか、参考までに見てみるとよいでしょう。
・立てた行動計画は、常に意識する必要があります。スマートフォンなどに保存しておき、いつでもチェックできるようにしましょう。

第11章

好感を持たれる人「第一印象」

この章で学ぶこと

・感じが良い人とは、どのような人でしょうか？
・より良いコミュニケーションをはかるために必要なことを考えてみましょう。

1　第一印象の構成要素

（1）第一印象はどこから感じる？

　第一印象は、出会って数秒で感じ取られ、その印象は数秒から数分で固定されて、しばらく、あるいは数年はその印象が継続するとも言われています。

　「この人とつきあっていきたいな。上手くやれそうだな。仲間になれそうだな。」

　「何だかとっつきにくそうな人だな。話しにくそうな人だな。近寄りがたい雰囲気だな。」などと、私たちは目の前にいる人の第一印象をどのように感じ取っていくのでしょうか？

　人間は、主に視覚情報と聴覚情報をやりとりしてコミュニケーションをはかっています。初めて出会った人に対しては、まず、眼から入る情報（見た目）として表情や身だしなみからその人の印象を感じ取ることでしょう。さらに言葉を話す時の表情に触れながら、身振り手振りといった視覚情報とともに、話し方としての声の大きさやトーン、スピード、話す内容（言葉の選び方）といった聴覚情報もその人が「どんな人なのか？」を感じ取れる要素です。しかし、先に述べたように、第一印象は数秒以内に固定するとなると、伝えられる話の内容は限られてしまいます。話の本題に入る前に「いやな感じだな」と思われてしまうと、せっかく「仲良くなろう、一緒に仕事に取り組みたい」と思っていても相手の人はしっかりと自分の話を聞こうとは思ってくれないかもしれません。

（2）第一印象の大切さ

　皆さんはこれまでも入学、入部、クラス替えなどの場面で、またこれからもアルバイト、就職試験、その後の転勤や引っ越しなどで数多く「はじめまして」の出会いがあることでしょう。そこで出会う人たちと「友達」になるにしろ、ならないにしろ、「クラスメート」「仕事仲間」「取引先」「ご近所さん」としての付き合いをしなければなりません。その時の第一印象が、その後の相手との関係の基礎を作ります。どんな人と付き合いたいと思いますか？

　例えば、どのような言葉でその人の印象を表現しますか？

> 親しみやすい、人づきあいが良い、社交的、気難しそう、おとなしそう、まじめ、明るい、陽気、元気、愛想がいい、笑顔、暗い、物静か、怖そう、不安そう、自信がなさそう、体調が悪そう

あなたは、自分をどのような人だと思いますか？　どのような人だと思われたいですか？

自分は「こんな人だ」と思われたい（他人に知ってほしい）キーワードに○をつけてみましょう。

> 楽天的、ユーモアがある、親切、やさしい、思いやりがある、温かい、面倒見がよい、世話好き、誠実、丁寧、慎重、注意力がある、よく気が付く、気が利く、てきぱきしている、落ち着いている、冷静、ねばり強い、根気良い、あきらめない、計画的に取り組む、継続力がある、責任感がある、好奇心が旺盛、積極的、行動力がある、判断力がある、大胆、失敗を気にしない、負けず嫌い、実行力がある、プラス思考、チャレンジ精神がある、勇気がある、失敗を恐れない、物静か、謙虚、柔軟性がある、おだやか、献身的、質素、我慢強い、独創的、几帳面、堅実

第一印象が良い人とは、その出会いから先に、上手くコミュニケーションをはかることができて、一緒に行動する時に良い仕事ができる予感がしますね。感じの良い人とならば、きっと嫌なことにも気持ち良く一緒に取り組むことができそうです。

社会人として働く場所や、人と交流する場では、どのような人が求められるのか考えてみましょう。どのような人がコミュニケーションをはかりやすい人ですか？右に示すような人ではないでしょうか？

> 自分から積極的に挨拶ができる人
> 返事をしっかりする人
> 目を見て話す人
> 身だしなみが整っている人
> 明るい笑顔の人
> 正しい言葉遣いを心得ている人
> 自分の意見をしっかり言える人
> 他人の意見をしっかり聞き取ろうとする人
> 姿勢や動作が美しい人
> 約束やルールが守れる人（時間管理を含む）

（3）コミュニケーションの第一歩

コミュニケーションの第一歩は「挨拶（あいさつ）」です。「挨拶は先手必勝！」自分から積極的に行いましょう。一言の挨拶から、よりよい人間関係が生まれ、信頼関係が築かれていきます。

「挨拶の役割」	相手の存在を認める意思表示となる 自分の存在をアピールする 会話のきっかけづくりになり、その後の話がスムーズに展開する

こちらから挨拶することにより、相手をコミュニケーションの中に引き入れて自分の仕事や役割を実行するペースを作ることができます。

ビジネスは挨拶に始まり、挨拶に終わります。朝の「おはようございます」に始まり、毎日何度も繰り返して行うものです。挨拶は人間関係をさらに前進させるきっかけとなる基本です。

2　挨　　拶

（1）好感度をアップさせる挨拶の仕方

あ：明るく、愛（気持ち）をこめて（EYEをこめて）目を見て明るい声で

い：いつでも、どこでも、だれとでも

さ：先に先手必勝、先に言葉を発したほうがコミュニケーションの主導権を握れる

つ：続けて、プラスαの言葉を添えて、会話が始まる

「○○さん、おはようございます」

名前を呼ぶことには、相手の存在を認めているというメッセージが込められています。

「**今日はよく晴れていますね**」

季節や天候の話題、時候の挨拶は、誰とでも共有できる話題です。

コミュニケーションのきっかけとなり、挨拶から始まる話題としてあたりさわりのないものとは？

　　・季節・天気・ニュース・仕事・趣味・家族・友人・健康など

　　「あたたかくなりましたね。」「明日は雪になるらしいですよ。」「あの事故は恐ろしかったたです
　　ね。」「先日の展示会ではお世話になりました。」「マラソンは今も続けておられますか？」「最
　　近お会いしていませんがお母様はお元気ですか？」「風邪はもう治りましたか？」など

避けたほうが無難な話題

　　・政治、宗教に関する考え方（相手から聞かれたら答える）。

必ず相手の顔を見て、笑顔で元気よく！

挨拶は自分から積極的に行います。恥ずかしがってボソボソと小さな声で言っても相手に聞こえな
ければ挨拶していないのと同じです。これでは挨拶もできない人と思われてしまいます。

どんな時にも返事は『はい』

どんなに忙しくても名前を呼ばれたらすぐに「はい」と返事をします。忙しいからといって呼ばれ
ても聞こえないフリをして返事をしないのは絶対にいけません。どうしても忙しくて手が離せないよ
うな時には「はい」と返事をしてそれからそのことを伝えます。

基本的なビジネス挨拶用語

　普段の生活の中で家族や友達の間では「おはよう」「ありが
とう」で済む使い慣れた挨拶言葉もビジネスシーンでは少し形
が変わります。右に示したものは、代表的なことばです。自然
に口をついて出るように繰り返し練習しましょう。

おはようございます
ありがとうございます
いらっしゃいませ
かしこまりました
いつもお世話になっております
よろしくお願いいたします
失礼いたします
恐れ入ります
お待たせいたしました
お疲れさまでございました

（2）お　辞　儀

　挨拶をする時には、お辞儀を伴うことがほとんどです。お辞儀の基本を確認しましょう。
まず相手の目を見てハッキリした声で言葉をかけます。お辞儀の仕方しだいで、好感を持たれたり、
その逆だったりしますので注意が必要です。

　お辞儀は相手に対する"尊敬"と"感謝"の気持ちを態度であらわすものです。

　立ち方の基本姿勢を確認してから、お辞儀の実習をしてみましょう。

立ち方	視線：まっすぐ保つ・アイコンタクトを取る（目を合わせる）
	あご：引くことが基本・引きすぎると上目づかいになる恐れあり
	肩　：力を抜いて
	背筋：頭の上から髪の毛一本で吊られているように伸ばす
	手　：指先をそろえ、身体の横に添わせる・組む時は、自然に前でおへその下あたりで重ねる
	足　：必ず踵をそろえる・つま先は開いた方が安定する

お辞儀のコツ

・背筋は伸ばして

・相手の目　⇒お辞儀　⇒目

　と、必ず目に戻る。

　アイコンタクトを忘れない！

・上体を倒した時にいったん止める。

・止めてから身体を起こしアイコンタクト。

15度（会釈）　　30度（敬礼）　　45度（最敬礼）

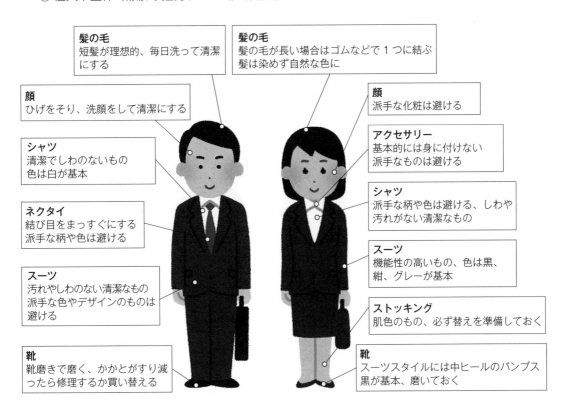

（3）身だしなみ

　第一印象は、目から見た情報に左右されがちです。特に身だしなみで、どのような人なのか、声をかけられそうか、かけにくそうか、きちんとした人なのか、だらしない人なのかと挨拶を交わす以前に先入観を持たれてしまうこともあります。身だしなみで注意することは、とにかく相手に不潔感・不快感を与えないことです。スーツや制服を着た時に見えやすい襟、そで口などはいつもきれいな状態を心がけ、少しでもシミ、汚れがついたら、こまめに洗濯しましょう。

身だしなみの基本

① 清潔であること

② 機能的であること

③ 個人や全体（職場、実習先などその場の雰囲気）に調和していること

髪の毛
短髪が理想的、毎日洗って清潔にする

髪の毛
髪の毛が長い場合はゴムなどで1つに結ぶ
髪は染めず自然な色に

顔
ひげをそり、洗顔をして清潔にする

顔
派手な化粧は避ける

シャツ
清潔でしわのないもの
色は白が基本

アクセサリー
基本的には身に付けない
派手なものは避ける

ネクタイ
結び目をまっすぐにする
派手な柄や色は避ける

シャツ
派手な柄や色は避ける、しわや汚れがない清潔なもの

スーツ
汚れやしわのない清潔なもの
派手な色やデザインのものは避ける

スーツ
機能性の高いもの、色は黒、紺、グレーが基本

ストッキング
肌色のもの、必ず替えを準備しておく

靴
靴磨きで磨く、かかとがすり減ったら修理するか買い替える

靴
スーツスタイルには中ヒールのパンプス
黒が基本、磨いておく

[➡ワークシート 11-1 （身だしなみチェックリスト）、11-2]

おしゃれとの違い

　おしゃれは、自分のために楽しむものです。身だしなみは、相手のために整えるものです。身だしなみは、相手が判断するものであることを心がけておきましょう。

　身だしなみチェックリストを記入後、自分の課題をメモしておきましょう。

（4）物の授受

　挨拶の時の名刺の受け渡し、書類を提出する時の受け渡し、基本的な動作や態度も「感じの良い」人か、「信頼できる」人かを判断する第一印象の構成要素の１つです。そのポイントを確認します。

信頼感のある態度「物の授受」のポイント

・姿勢：相手の方を向く
　（肩越しに背中を向けたまま後ろに渡したりしない）
・手　　：両手で渡す
・方向：相手の方に向ける
・位置：相手が受け取りやすい位置で
　（胸からベルトの間あたりが受け取りやすい）
・表情：笑顔
・視線：相手の目 →渡す物 →相手の目
　　　　と視線を動かす
・言葉：無言で渡さず言葉を添える

💬 **やってみよう**

第15章「訪問のマナー」名刺交換（p. 85）を見ながら、

① 名刺を受け取る動作

② 書類を手渡す　⇔　受け取る　などの練習をしてみましょう。

（5）案内の仕方

・方向の指し示し：指を揃えて手のひら全体で示す
　　　　　　　（手のひらは上を向いたり下を向いたりしない）
・姿勢：相手の方に胸を向ける
・視線：相手の目 →指し示す方向 →相手の目と視線を動かす
　　　　（最後に相手の目を見て相手の理解度を確認する）
・表情：笑顔
・言葉選び：わかりやすく言葉を添える、右手、左手、目印、距離など

🔍 **学びを深めるために**

・受付や案内のロールプレイをしてみましょう。

・大学祭やオープンキャンパスなど、学外からお客様が来た時の受付で、また、トイレや教室の場所をたずねられた時にどのような動作や言葉が必要でしょうか？

言葉遣い

第12章

この章で学ぶこと

・友達や先生以外の大人と話す時、正しい言葉遣いができていますか？
・敬語の基本を再確認しましょう。

1　敬語の種類

　学生生活を送る中で、敬語を使っていますか？　アルバイトやインターンシップでは、ビジネス用語や、接遇用語など、これまでの日常生活では使わなかった言葉も使われます。敬語の使い方は間違っていませんか？

（1）丁寧語

　相手に敬意を示すために、「です」「ます」「ございます」などを文末に付けます。また、丁寧な表現として言葉の頭に「お」や「ご」を付けた「美化語」とよばれる言葉があります。

「お」がつく言葉の例	お知らせ　お茶　お食事　お電話　お時間　お料理　など
「ご」がつく言葉の例	ご住所　ご意見　ご質問　ご希望　ご協力　ご利用　など

　日常生活で友達や家族の間ではふつうに使っている表現も、状況に応じてより丁寧な印象の表現に変えたほうが、あらたまった印象になります。

　「私」「あなた」「あの人」のように誰かを説明する場合、自分（身内）と相手（目上の人やお客様）では、その表現の仕方が異なります。敬語ではきちんと使い分けをしなければなりません。

普通の表現とあらたまった表現

普通の表現	あらたまった表現
こっち	こちら
そっち	そちら
あっち	あちら
どっち	どちら
どこ	どちら
今日	本日（ほんじつ）
あした	明日（みょうにち）
あとで	のちほど
今回	このたび
すごく	たいへん
ちょっと（少し）	少々
どう	いかが
いい	よろしい

相手と自分を指す言葉

言葉	相手を指すとき	自分を指すとき（身内）
本人・自分	○○様、そちら様	私、私ども（会社の場合も）
同行者	お連れの方、お連れさま	同行のもの、連れのもの
夫・妻	ご主人（様）、奥様	夫、主人、家内、妻
父・母	お父様、お父上 お母様、お母上	父、母
息子・娘	ご子息、おぼっちゃま、 お嬢様、お嬢さん	息子、せがれ、娘
あの人	あの方、あちらの方	あの者
誰	どちら様、どなた様	誰、どの者

【➡ワークシート 12-1 （1）】

（2）尊敬語

話す人が、相手の人の動作や状態などについて、敬意を表す時に使います。

　　　主語は、「相手」

　　（例）「先生が（教室に）来る」場合

　　　　　⇨　先生が、来られる。

　　　　　　⇨　先生が、お越しになる。おみえになる。おいでになる。（お＋原型＋になる）

　　　　　　　⇨　先生が、いらっしゃる。（慣用的表現、置き換え、最も丁寧な表現とされる）

［➡ワークシート 12-1（2）］

（3）謙譲語

話す人が、自分の動作や状態などについて、へり下って使います。

　　　主語は、「私」

　　（例）「私が（教室に）行く」場合

　　　　　私が、参ります。

　　　　　私が、うかがいます。

［➡ワークシート 12-1（3）］

よく使う敬語を整理してみましょう。

動詞	尊敬語	謙譲語
する	なさる・される	いたす・させていただく
いる	いらっしゃる	おる
行く	いらっしゃる・おいでになる	参る・伺う
来る	いらっしゃる・お見えになる・お越しになる	参る
訪ねる	お訪ねになる	伺う・お伺いする・参る
帰る	帰られる・お帰りになる	失礼する
待つ	待たれる・お待ちになる	お待ちする
見る	見られる・ご覧になる	拝見する・見せて頂く
聞く	聞かれる・お聞きになる・お耳に入る	伺う・拝聴する
言う	言われる・おっしゃる	申す・申し上げる
読む	読まれる・お読みになる	拝読する
知る	ご存知・お知りになる	存じ上げる・承知する
会う	会われる・お会いになる	お会いする・お目にかかる
あげる	たまわる・くださる	差し上げる
もらう	お受け取りになる・お納めになる	頂く・頂戴する
与える	くださる	差し上げる
受け取る	お受け取りになる・お納めになる・ご査収	頂戴する・拝受する・たまわる
思う	思われれる・お思いになる	存ずる
食べる	食べられる・お食べになる・召し上がる	頂く・頂戴する
買う	お買い求めになる・ご購入いただく・ご利用になる	（買わせて）いただく
わかる	おわかりになる・ご理解いただく	かしこまる・承知する

2 間違った敬語

丁寧な言葉を使っているつもりが、間違った敬語を使っていませんか？ 確認してみましょう。

二重敬語

× 間違った敬語	→	○ 正しい敬語
× お越しになられる	→	○ お越しになる
× お見えになられる	→	○ お見えになる
× おいでになられる	→	○ おいでになる
× お帰りになられる	→	○ お帰りになる
× おっしゃられる	→	○ おっしゃる
× お求めになられる	→	○ お求めになる
× ご利用になられる	→	○ ご利用になる

▶**さらに詳しく～一歩進んだ社会人基礎力**

間違った（好ましくない）言葉遣い

a 「ら抜き言葉」 こんな言葉遣いをしていませんか？

　　×「来れる」（来ることができる）　　　○「来られる」（来ることができる）

　　×「食べれる」（食べることができる）　　○「食べられる」（食べることができる）です。

　上のような表現を「ら抜き言葉」と言います。文法的には間違っていますが、最近では「ら抜き言葉」が会話の中では当たり前のように浸透しつつあり、会話においては間違っていると指摘されることも少なくなっています。しかし、文章に書く時は正しく「来られる」「食べられる」と書くようにしましょう（～できるの意味での「～られる」と尊敬語の「～られる」と区別して考えること）。

b 「さ入れ言葉」 不要な「さ」が入っていることで耳障りに聞こえます。

　　×「やらさせていただきます」　　○「やらせていただきます」

　　×「行かさせていただきます」　　○「行かせていただきます」

c 「～のほう」

　　×「お箸のほうはお使いですか」　　　○「お箸をお使いですか」

　　×「お弁当のほうは、温めますか」　　○「お弁当を温めますか」

　「～のほう（方）は……」という表現は、本来、「どちらのほうがよいですか？」「どちらのほうが大きいと思いますか」といった複数を比較し選択するような場面で使うか、「どっちのほうにありますか？」「あっちのほうです」「駅のほうです」といった方角を指す時に使う表現です。

　最近では、断定的な言い方をさけてあいまいに表現する「～のほう」を使う若者が増えたとの説もありますが、不必要な言葉は省きたいものです。

d 「アルバイト言葉」 このような表現をよく耳にするのではないですか？ 使っていませんか？

　　×「こちら、メニューに<u>なります</u>」　　　　○「こちら（が）メニューでございます」

　　×「ご注文は○○で<u>よろしかった</u>でしょうか？」　○「ご注文は○○でよろしいでしょうか？」

　　×「1000円<u>から</u>お預かりします」　　　　○「1000円お預かりします」

　アルバイト言葉などと言われ、マニュアルには決して書かれていない正確な日本語表現ではない（日本語の文法的にはおかしいとされる）表現ですが、コンビニエンスストアやファミリーレストランなどの接客用語として、アルバイトの間で口頭で先輩から後輩に伝わってきたのではないかとされ、コンビニ言葉、

ファミレス言葉などとも言われることもあるようです。

　いずれも、正しい美しい日本語ではないとされる言葉遣いですので、これらを使っているようでは社会人としては失格と言われてしまうかもしれません。学生の間から気をつけていきましょう。

　間違いやすい言葉遣いをまとめてみました。

間違った言葉遣い	正しい言葉遣い
あちらで見れます	あちらで見られます
行かさせていただきます	行かせていただきます
お名前のほう、ちょうだいできますか？	お名前をお伺いできますか（お伺いしてもよろしいですか） お名前をおっしゃっていただけますか
５千円になります	５千円です ５千円でございます
こちら、領収書になります	（こちら）領収書です （こちら）領収書でございます
よろしかったでしょうか？	よろしいでしょうか

🗨 **やってみよう**
　敬語を使いこなしましょう。【➡ワークシート 12-2 （4）】

3　一歩すすんだ言葉遣い

　日本語は美しく、やさしく心に響く言葉です。やさしく話すためには、やさしい言葉選びとやさしい話し方を工夫しましょう。やさしく話すには「優しく」と「易しく」の両面からの配慮が必要です。

（1）優しく話す
a　クッション言葉

　クッション言葉と呼ばれる言葉があります。これがなくても意味は通じますが、加えることによってより優しく伝わります。

　　相手に何かをお願いする時　⇨「申し訳ありませんが」「恐れ入りますが」
　　相手にお手伝いを申し出る時　⇨「よろしければ」
　　相手に個人的なことを聞く時　⇨「失礼ですが」
　　相手に何かをしてもらう時　⇨「お手数ですが」「お手数をおかけしますが」

b　命令形を避けて依頼形で話す
　相手の行動を促す場合には、

　　しばらく、待ってください　⇨　しばらくお待ちいただけますか
　　あっちで聞いてください　⇨　あちらでお聞きいただけますか

　「～してください」は丁寧な言い方ですが実は「～しなさい」という命令形ですね。「しなさい」と言われたら、それに従い、その通りに「～する」しか選択肢がありません。

「荷物はここに置いてください。」

と言われた人は、命令されたようで（ここに置かなきゃいけないんだ……。）、あまり気持ちが良くないかもしれません。

「お荷物はこちらに置いていただけますか？」

と依頼形にすると相手にお願いすることになり、言われた相手の人は、自分の意志で「荷物はここに置こう」と思います。

クッション言葉を付けるとさらに丁寧です。

「おそれいりますが、お荷物はこちらに置いていただけますでしょうか？」

友人や家族に対しても「机の上を片づけておいて」というより「ごめん、悪いけど、机の上を片づけておいてくれる？」と依頼形でお願いすると「OK」と気持ちよく協力してくれるのではないでしょうか。

c　否定的な表現はなるべく肯定的な表現で

「できません。」「わかりません。」より「できかねます。」「わかりかねます。」などの表現の方が優しく響きます。

相手が感じる印象をプラスにする

できません	⇨	いたしかねます
ありません	⇨	きらしております
こちらは出口ではありません	⇨	あちらが出口です
たばこは吸わないでください	⇨	たばこはあちらでお吸いいただけます
10分しかお取りすることができませんでした	⇨	10分お取りすることができました

「嫌い」の言い換え

○○は嫌いです	⇨	○○は少し苦手です
行くのは嫌です	⇨	行くのは気が進みません
この本、つまらなかったです	⇨	この本は、私とは好みが合わなかったようです
このりんご、色が悪いね	⇨	このりんごは、色があまり良くないと思います
その方法はだめだと思います	⇨	その方法は上手くいかないのではと思います

> ▶さらに詳しく～社会人基礎力（課題発見力・主体性・働きかけ力）を考える
> ・代替案を提示する＝ガッカリさせたままで終わらない
>
> お目当ての商品を買いに行ったのに「ありません。」と言われたら、がっかりします。「あいにく切らしております。」だけでなく、プラスαの言葉がけとして代替案を提示してもらうとさらにうれしいはずです。
>
> 「あいにく切らしておりますが、他の色は（こちらのメーカーのものは）、いかがですか？」
>
> 「あいにく切らしておりますが、１週間ほどで入荷する予定です。」
>
> 応対の時に「～ですが……」「～けれど……」と途中で言葉を止めていることはありませんか？　その続

きの言葉を発してみましょう。「そのかわりに〜〜〜〜はいかがですか？ いかがいたしましょうか？」と代替案を提示してもらうとその後もコミュニケーションはスムーズにとれるはずです。

・マイナスプラス話法で話す
悪い点から話し、良い点を後に話すと相手の気持がプラスに動きます。
　このペンは書きやすいが、値段が高い　⇨　このペンは値段は高いが、書きやすい
優しい話し方、言葉がけは、そのまま、相手との良好な関係構築に一役買ってくれるのです。

🔘 やってみよう
　優しく相手に伝わる言葉遣いを練習してみましょう
　[➡ワークシート 12-2（5）]

（2）易しく話す

易しく（わかり易く）話すには「言葉選び」と「話し方」が重要です。
言葉選び：専門用語は使わない、具体的に話すことが必要となってきます。

a　耳から聞いてわかる平易な言葉を使う

漢字は文字として目で見れば意味がわかりやすいですが、話し言葉は不明確で話の内容を正確につかむことは難しいものです。耳から聞いてわかりやすい言葉、誤解が生じない言葉（同音異義語など）を使っていくことが必要となります。

　（例）「テイオン」の地域　　　「低温」（気温の低い）
　　　　　　　　　　　　　　　「定温」（一年中気温が変わらない）
　　　　「セイカ」はありますか？　「製菓」（お菓子をつくる）
　　　　　　　　　　　　　　　「成果」（効果、プラスの結果）
　　　　　　　　　　　　　　　「聖火」（オリンピックのシンボル）
　　　　　　　　　　　　　　　「生花」（生のフラワーアレンジメント材料）
　　　　　　　　　　　　　　　「青果」（生の野菜と果物）

🔘 やってみよう
　自分の名前の漢字やアルファベット表記のつづりを言葉だけで伝えてみましょう。

b　あいまいな表現を避け、具体的に話す

数字を使ったり、大きさ、長さ、カタチ、色、時間など適切な単位を使うと、相手にも伝わりやすくなります。

（あいまい）		（具体的）
・しばらくしたら	⇨	20分後に
・少し、ちょっとの間	⇨	5分
・夕方の早い時間に	⇨	午後4時に
・長期的には	⇨	10年後には
・ほとんど	⇨	10回のうち9回
・時々	⇨	2カ月に1回は
・たくさん	⇨	A4サイズで10ページ
・少し	⇨	耳かき1さじ分

　発信するだけでなく、相手の表情やうなずき具合をよく観察して、理解度をはかりながら、わかりやすい言葉に言い換えたり、言葉を補足していくとよいでしょう。

c　比喩や具体的な事例を挙げる

相手の人が想像してそのイメージがわくように言葉を選ぶことが大切です。

（例）とても高い	⇨	「3階建ての屋根くらいまで」
		「東京スカイツリーくらい」
		「飛行機が飛んでいる高さ」
手で持てる重さ	⇨	「2キロ入りのお米一袋くらい」
		「2リットルのペットボトルの重さ」など

d　話し方　声のトーン、スピード

　口をしっかりと動かして、はっきりと発音し、相手に聞こえる音量で話すことはもちろんですが、大切な部分を際立たせたい時には、声のトーンを上げたり、抑揚をつけて音の高低をつけたりして話します。相手が複数の場合でも、一人ひとりに語りかけるように、また、早口にならないようにスピードにも気をつけます。話し手は、相手を観察し、適切な間を取りながら話すことで、聞き手は話の内容を頭の中で整理・理解しながら聞くことができます。

学びを深めるために

・書き言葉と話し言葉で異なる敬語（貴社と御社など）を確認しましょう。
・履歴書やビジネス文書に書く言葉と面接や接遇で話す言葉は異なります。どのような言葉が違うか調べておきましょう（第14章・第16章参照）。

第13章

コミュニケーション

この章で学ぶこと

・インターンシップや、新しいアルバイト先、初めて参加するイベントなどで、自己紹介を兼ねた挨拶をきちんとすることができますか？ 伝えたい内容を伝えることができますか？

・意見を述べたり、話し合いをスムーズに進めるために必要なこと、会話によるコミュニケーションの基本を確認しましょう。

1 話を聞く？ 聴く？

「ねぇ、ちょっと、聞いてるの？？？」友人や家族から、こんな言葉をかけられることはありませんか？「え、聞いてるのに……」とか「なぜ文句を言われなきゃいけないのだろう？」と嫌な気持ちになることはないでしょうか？ 何かをしながら耳から入ってくる情報をただ「聞く」(hear) だけではなく積極的にこちらから情報をキャッチできるように「聴く」(listen) ことで、相手とのコミュニケーションを円滑に進めることができます。

> 💬 **やってみよう**
>
> ペアになって、話し手と聴き手を決めます。指示に従い、話し手は聴き手に話をします。
> 聴き手となる人も、講師からの指示に従って話を聞きます。
> （最近うれしかったこと、楽しかったこと、おもしろかったこと、腹が立ったこと、悲しかったこと　驚いたこと、つらかったことなど）
> 交代して話を聞いてもらい、その後、感想を話し合います。
>> ・話し手として、感じたこと
>> ・話し手として、聴き手に求めたいこと
>> ・聴き手として、感じたこと
>> ・聴き手として、話し手に求めたいこと

（1）相手に理解される話し方・聴き方が必要

話したいことがあるからと自分のために話すのではなく、聴く相手のことを考えてみましょう。
こんな時は、ありませんか？（こんな人を見ませんか？）

・グループで話している時、興味のないところではほとんど話を聴いていない。
　⇒ 人の話はよく聴いてこそ、人がうなずく内容の話をすることができます。
・人の話の腰を折って自分が話し込んでしまう。
　⇒ 「私も……」と話を奪って自分のことばかり話すと相手は寂しい気持ちになります。まず、相手の話はしっかり聴き安心して話してもらいましょう。

・話が独りよがりになってしまう。

 ⇒　一気に話さず、小分け（必要な分量）で話すと、お互い納得して楽しく会話を続けていくことができます。

（2）コミュニケーションギャップ

a　コミュニケーションギャップはなぜ起こる？

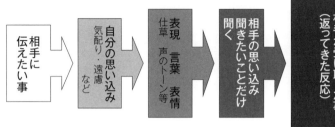

b　コミュニケーションは2ウェイが基本

自分が何を言ったかではなく、相手にどのように伝わったか？を知ることがポイントです。

コミュニケーションはツーウェイ（双方向）が基本です。

c　人間関係を円滑にするコツ

「正確に」「簡潔に」「わかりやすく」伝えることはもちろんですが、相手の話を聞く際に聴き上手であることが大切です。

① コミュニケーションの回数や質を高める

 やり取りは一方的になっていませんか？　話の内容は意味深いですか？

② ルールを遵守する

 求められたこと以外の答えを発信していませんか？　TPOは？

③ 話し方と言葉遣いに注意する

 相手に失礼のない話し方ですか？　わかりやすい話し方（内容）ですか？

④ 他人の批判はしない

 その場にいない人のことばかり話題にしていませんか？

⑤ 相手を認める

 自分と異なる意見にも耳を傾けて受け入れることができていますか？

（3）聴き上手のコツ

a　聴き上手の作法

 ・アイコンタクトを絶やさず　（相手に視線を合わせること）

 ・適度な相づちをうち　（全くしないのも、やり過ぎと感じられる過度なのも問題）

 ・温かみのある表情で　（無表情では話しづらい）

 ・必要に応じてメモを取る　（聴き取りを補うため）

 ・質問しながら聴く　（理解を深めるため）

b　相づちとは

- ・ただ頷くだけ「はい」「いいえ」だけではいけない
- ・相手の話を復唱して興味を示す
- ・相手の話を引き取って会話を広げる

上手な話の聴き方、そして伝え方のポイントを、もう一度まとめてみましょう。

上手な聞き方	上手な話し方
会話の始まりはまず聞くこと	肯定的に話す
話を最後まで聞く姿勢を示すこと	元気よくハキハキと明るく話す
相手の話は途中でさえぎらない	正確に話す（「たぶん」「そうなんですけど」は避ける）
アイコンタクトをたやさず、柔らかい表情を心がける	相手が理解できない専門用語は使わない
あいづちをうちながら熱心さを示す	結論から話す
大切な点はメモを取りながら聞く	「5W2H*」で話を組み立てる（*p.70参照）
「しかし」「でも」「だって」は、使わない	敬語を使う
わからない時には簡潔に質問する	姿勢、態度、マナーに気をつける
復唱しながら聞く	

コラム 5　報告・連絡・相談

報連相とは？

　アルバイトやインターンシップも含めビジネスの現場では、上司や先生、先輩などから指示を受けながら仕事を進めます。仕事が上手く行かない場合はどうしますか？　終わったらどうしますか？　やりっぱなしではありませんか？

　ビジネス訪問や仕事を終えたら、上司へ結果や進行状況について正確に伝えなければなりません。報告は内容によらず、仕事を進める上でのあなたの任務です。その際に指示の内容をきちんと理解しておくことが必要です。想定外のことが起きたり、思うように進まなかったり、期限までに終了できないようであれば、指示を出した上司や先輩に連絡したり相談する必要があります。仕事を進めるうえで必要なコミュニケーションである報告・連絡・相談を略して「報連相」と呼びます。

報告が必要なとき

- ① 頼まれたことができあがった（終わった）とき
- ② 上司から指示された任務を出向いた場所でやり終え、その場の責任者にできたことを伝えてOKをもらったとき（電話または、会社に戻ってから直接上司に任務の終了を報告）
- ③ 営業などの場合は納品したとき

中間報告（連絡・相談）はなぜ必要か

- ・仕事の進捗状況を上司やチームの仲間が確認し合い、情報を共有して次の段階に備える
- ・日数がかかる仕事は、途中経過の報告により、その先の調整事項を検討する必要がある
- ・中間報告（連絡）は、上司が仕事の進み具合を管理するだけでなく、部下はその中で相談したり、指導を受ける場となり、経験による学びが成長の機会となる

🗨 やってみよう [➡ワークシート 13−1]

　仕事の上でのコミュニケーションの事例について考えてみましょう（報告・連絡・相談を意識して）。

2 スピーチとプレゼンテーション──上手に話すコツ

🗨 やってみよう

初対面の人同士のグループで、1人2分間の自己紹介をしてみましょう。

まずは、お互いをよく知るために、この後の会話につながるようなお話を盛り込んでみましょう。

スピーチの例

① オープニング	「おはようございます。（時間に合った挨拶＋お辞儀）」
② 名乗り	「〇〇大学の　　（名前）　　　と申します。」
③ 自己PR	「大学では、～～～について勉強しています。今取り組んでいるのは〇〇です。」
④ ゴール	「今日は面白いお話を持ってきました。先日授業（ゼミ）（アルバイト先で）で聞いた話ですが……だそうです。」
⑤ クロージング	「どうぞ、よろしくお願いいたします。」

✔CHECK POINT

・始めの挨拶・終わりの挨拶、きちんとできましたか？

きちんと挨拶をすると、スピーチや発表・発言が引き締まった印象となります。

（1）ナンバーリング

次の2つの話し方を比較してみましょう。

一般的な話し方	ナンバーリングをした話し方
私の休日の過ごし方は、レポートや課題の整理など、やっておかないと困ることを先に片づけることから始めます。講義の内容を整理して、分からないところがあると思えば調べます。アルバイトの予定がある時もあります。そんな時は、それで1日が終わってしまうことが多いです。あとは友人と渋谷や原宿に出かけ、お気に入りのお店でショッピング、そして雑誌に出ている話題のカフェやレストランで食事を楽しみながらガールズトークに花を咲かせます。	私の休日の過ごし方には、だいたい3つのパターンがあります。 **1つ目は**、授業の復習や課題への取り組みなどの勉強を片付けること…… **2つ目は**、アルバイトです。イベントスタッフのアルバイトは1日がかりのことが多いです。 **3つ目は**、ショッピングです。友人と原宿や渋谷に出かけ、お気に入りのお店でショッピングし、雑誌で話題のレストランで食事やガールズトークを楽しみます。

（2）『主─話─主』で話す

スピーチは、双方向のコミュニケーションとは異なり、与えられた場で与えられた時間内で、いわば一方的に相手に話し続けることになります。思いつくままに話したのでは、伝えたい情報や意見がきちんと相手に伝わらないことがあります。そのためには、次のような順番で話すと効果的です。

> **主題**＝話したいこと、言いたいこと、話の方向性、話す内容を明確にする
> 　↓
> **話題**＝話の内容、本題、5W2H（いつ・どこで・誰が・何を・なぜ・どうした・どのくらい）
> 　↓
> **主張**＝強調点、自分が一番いいたいこと、聴き手に知ってほしいことを締めくくりとして話す

主−話−主の話し方の例

主題

「今日、私は高校時代の夏休みの思い出についてお話ししたいと思います」

話題

「それは高校1年生の8月でした。……。私は友達と山登りにでかけました。携帯電話があるのでナビもあるし、地図やガイドブックは、誰かが持ってくるだろうし、なくすといけないからデジカメも持っていきませんでした。当日は誰も地図もガイドブックもカメラも持ってきていませんでした。私はしまったと思いましたが、どうにかなると思って目的地を目指しました。行きの電車では、みんなで動画や写真をとったりしながらはしゃいでいました。都心から山間部に向かうにつれて携帯電話の電波がつながらないことがありました。最寄り駅についてからは、ナビを使って道を検索しましたが、どんどんバッテリーが減っていきました。途中で道に迷って、電波も届かずナビが使えなくなり、どうしようもありませんでした。迷いながら現地に到着したのは予定から3時間も遅れてからで、そのころには携帯電話のバッテリーはゼロになっていました。……。」

主張

「ここでの私は1つのことを学びました。それは……です。」

💬 **やってみよう**

もう一度スピーチの内容を組み立て直してみましょう。

主−話−主　の話し方ポイント

① 自分の経験・体験・事例・意見・感情など何を伝えたいのかを明確に
② 主題は出来るだけ絞り込む
　例)「高校時代の話」→「高校時代の忘れられないこと・失敗談」
　　　「父との思い出」→「父と出かけた思い出」
　　　「資格について」→「資格取得の苦労話」　など
③ 絞り込んだ主題に沿って、話す内容を5W2H*で整理する
＊　When, Where, Who, What, Why, How, How many（much long）
④「主張」で「特に言いたいこと」「ここで強調したいこと」
　「聞き手に知って欲しいこと」などをハッキリ示して締めくくることが大切です。

（3）PREP法

　スピーチだけでなく、アルバイト先やインターンシップなどのビジネスシーンでは、さまざまな場面で、どのような相手とも円滑にコミュニケーションをはかる会話力＝話し方が求められます。

　相手との会話のキャッチボールを行うためにも、あなたが話し手になった時に意識しないといけないポイントを紹介しましょう。

話し手のポイント

・自分が話している要点を正確に伝えること
・話している内容に説得力を持たせること
・簡潔に伝えることで時間のロスが防げること

　ではどのような話し方をすれば、良いのでしょうか。

　今回は会話基本術である「PERP（プレップ）法」について解説していきます。PREP法を習得することによって、話の要点がわかりやすくなり、説得力

PREP法とはなにか？

Point	結論	（まず、結論を述べる）
Reason	理由	（その結論に至った理由を述べる）
Example	具体例	（事例で理由・結論を補強する）
Point	結論	（再度結論を述べる）

が増すとともに、人前で自信を持って話せるようになりましょう。

　まずは PREP（プレップ）法を構成する 4 つのパートを説明します。
P：POINT（結論）⇨R：REASON（理由）⇨E：EXAMPLE（具体例・事例）⇨P：POINT（ポイント・結論を繰り返す）という意味があり、頭文字を取った用語です。

（例）あなたの長所を質問された時
　　　P：POINT（結論）　　　⇨私の長所は責任感の強いところです。
　　　R：REASON（理由）　　⇨それはアルバイトのリーダー役で発揮されました。
　　　E：EXAMPLE（具体例）⇨例えば、アルバイトの接客スキルを均一化するために接客マニュアルを
　　　　　　　　　　　　　　一から作成しました。また、それを使用し新人アルバイトの定着率を 9
　　　　　　　　　　　　　　割まで向上させた経験があるからです。
　　　P：POINT（結論を繰り返す）⇨このことから私は責任感が強いと思います。

（例）あなたの特技を質問された時
　　　P：POINT（結論）　　　⇨私の特技は書道です。
　　　R：REASON（理由）　　⇨それは小学校 1 年から現在まで15年継続してきたからです。
　　　E：EXAMPLE（具体例）⇨具体的には中高時代は書道部に所属し、さらに大学時代もコンクールに
　　　　　　　　　　　　　　入賞を目指し、努力してきたからです。
　　　P：POINT（結論を繰り返す）⇨このことから私の特技は書道だと言えます。

① 「POINT」　　：話の要点の部分です。まず結論を言います。
② 「REASON」　：結論に至った理由を説明します。
　　　　　　　　　「なぜなら」を使うと、説明しやすくなります。
③ 「EXAMPLE」：結論に至った理由を、事例や具体例を用いて詳しく説明します。
　　　　　　　　　「例えば」を使うと、わかりやすく説明することができます。
④ 「POINT」　　：最初に述べた結論を、最後にもう一度言います。理由や具体例を踏まえた上で、
　　　　　　　　　再び要点をまとめます。

　話をする時は PREP 法の順番に沿って「結論 ⇨ 理由 ⇨ 具体例・事例 ⇨ 再度結論」の順番で話を展開し「最も主張したいことを、はじめに持ってくる」ことでわかりやすくなります。慣れないうちは自分の伝えたいことを紙に書き出して整理してみましょう。復習することによって、例えば、EXAMPLE（具体例・事例）の根拠が弱い、結論を最初から伝えられなかったなど、自分の話し方の癖が理解できるようになります。
　「何を伝えるか」だけでなく、「どのように伝えるか」を意識するだけで話し方の印象が変わります。授業の発表時、アルバイトでお客様との会話など普段から実践することで磨きがかかります。ぜひ普段の会話から取り入れて、習慣化してみましょう。

🗨やってみよう［➡ワークシート 13-2］
　「自分の好きなものや好きな事」を PREP 法で書き出し、人に伝えてみましょう。
　「自分が大学を選んだ理由」を PREP 法で説明してみましょう。

3　話し合う

💬やってみよう
テーマを決めてグループで話し合ってみましょう（10分～20分間）。

発表者を決めて、他のグループに向けて発表をします。

✔CHECK POINT

　・グループで話し合いをする時に、難しかった点はどんな点でしたか？

　・意見が述べやすい（交換しやすい）状況は、どんな状況ですか？

（1）話し合いをスムーズに進める

　意見を述べやすい（交換しやすい）状況は、どんな状況ですか？　いつも部活やアルバイトに遅刻してくる人がいます。みんなでミーティングを行うことになりました。さて、どのように話し合いを進めればよいのでしょうか？

発言の違いを考えてみましょう。

　「あなたは、よく遅刻をしますね。」（説明）

　「あなたは、遅刻が多すぎると思うよ。」（意見）

　「あなたは、遅刻しないようにもう少し早起きしたほうがよいのでは？」（提案）

> **説明**：自分の考えや思ったこと（主観）を入れずに事実をそのまま相手に伝えること
> **意見**：自分の考えや思ったことを判断したり評価したりすることを相手に伝えること
> **提案**：自分の考えも含むが、相手に投げかけるアイデアや発送したことを述べること

（2）さまざまな意見

　ディスカッションの中で活発に意見を交換しあうには、意見の種類を知り、話し合いが活性化するように、意見を出していくことが有効です。

> **a　YES/NO意見**
> テーマや話題に対して、賛成（YES）か反対（NO）かをはっきりと声に出して述べます。
> 「～だと思うのですが……。」「別に、どちらでもよいと思うけれども……」といったあいまいな表現では、どちらの意見かわかりづらくなります。
> **b　二者択一の意見**
> 「良い⇔悪い」「正しい⇔間違い」「好き⇔嫌い」「AかBか」「白か黒か」などのように結論を二者択一にしぼって意見を整理することで話し合いが進み、意見交換ができます。
> **c　あらかじめテーマ設定した意見**
> 　設定されたテーマに対して、話し合いの前に「こんな案を考えていますが、ご意見はありませんか？」とあらかじめ用意してきた案を出して、それに対する意見を求めることで、さまざまな意見が出てきます。

（3）話し合いの3ステップ

授業や、サークル活動、アルバイト、インターンシップなどで、仲間と話し合いをする場面では、時間を無駄にしないように心がけましょう。話し合いには3ステップあると考え、TPOに合わせて、時間管理を心がけながら会話を進めます。

Step 1 雑談	・友達とかわす雑談、井戸端会議、うわさ話、チャットなど、結論や決定を導き出す必要はほとんどない会話による話し合い。内容的にも、その場で終わってしまうような話し合い。
Step 2 会話	・話し言葉によって、考えや情報を交換する話し合い。何かを決めるための話し合いであったり、話し合いの結果が求められたりする場合もある。自らが発する言葉に責任を持ち、目的をもって交わされる話し合い。
Step 3 対話	・話し合いの中に、感情や意見を交わす中で意味のある内容をやりとりする。お互いの間に信頼関係があり、それぞれの考えや価値観を尊重して理解し合おうという気持ちが前提にある話し合い。

▶「ブレーンストーミング」とKJ法

皆さんが、これから新しく「何かに取り組もう」、「何かを決めよう」、「何かをしたい」、「何ができる」などと考える場面では、雑談のような会話から話し合いを進めていくことがあると思います。対話のなかで、知っているいろいろな物事、知識、興味や関心のあることなど情報を出し合うでしょう。

新しい何か、新しいアイデアを生み出すための話し合いを「ブレーンストーミング（ブレスト）」と言います。ブレーンストーミングでは、さまざまな知識や意見、考えが飛び交います。まとまりがつかなくなることもあるでしょう。話し合いというより、思いついたことを口に出して言い合い、それらを整理する方法としてKJ法があります。その場にいる人たちでお喋りするだけでもブレーンストーミングはできますが、より効率的にブレーンストーミングをする方法の1つです。

KJ法は、収集した情報を付箋などを使ってカード化し、同じ系統のもの同士を集めてグループ化することで情報の整理と分析を行う方法です。情報や意見など収集した多量の情報を効率よく整理するための手法で、考案者である文化人類学者の川喜多二郎氏の名前の頭文字からKJ法と命名されています。

KJ法のイメージ

（4）ディスカッションとは

皆さんは、将来企業などで働くことになるでしょう。企業活動はディスカッションで成り立っていると言っても過言ではありません。会議やミーティングなど、名称は違ってもすべてディスカッションすることで企業は今後の方向性を決めています。

a　ディスカッションの種類

① 自由討論型　　　　　テーマを与えられ自由に発言するタイプ
② インバスケット型　　優先順位をつける方法
③ ケーススタディ型　　グループで協力し合い1つのものを作り出すタイプ
④ ディベート型　　　　賛成・反対など二極に分かれて討論しあうタイプ

b　ディスカッションの進め方（自由討論型の例）

① 役割

・リーダー	全体をとりまとめて話を進める役目。グループ全員が参加できるような配慮が必要
・タイムキーパー	時間を仕切る
・書記	発言内容を書きとめる
・発表者	ディスカッションで話した内容を結論まで、分かりやすくまとめて発表する

② 時間配分（60分の場合の例）

・フリートーク	10分
・問題点・原因の追究	20分
・改善案	20分
・まとめ	10分

③ 注意点

- タイムキーパーは時間管理の工夫が必要。ディスカッション終了前に、「あと5分です」などと伝えるとリーダーがまとめやすくなります。
- フリートークでの鉄則
「ブレーンストーミング」で出てきた案や考えなどについて非難や否定はしないようにしましょう。

c　オープン質問とクローズド質問

　ディスカッションでは、自分の意見を述べるだけでなく質問を投げかけることでお互いの理解度を確認することや、合意を得ていくことも大切です。質問は話し合いの焦点を絞ることや着地点を探すのに役立ちます。

　＊オープン質問

　　「……してくれませんか」、「何」、「どのように」という尋ね方で自由に回答できる質問です。

　　答え方や答えの内容は一定ではありません。

　＊クローズド質問

　　「はい」「いいえ」や、単純な事実で答えられる質問です。

コラム 6　プレゼンテーションの基本

　プレゼンテーションとは何でしょうか？

　ゼミ発表、コンテスト、など大学で学ぶなかでも「プレゼンする」という表現はよく使われていることでしょう。最近では、「プレゼンテーション＝発表」という捉え方が少なくありません。しかし、社会人がビジネスのなかで行うプレゼンテーションは聞き手に納得してもらわなければなりません。一方的にプレゼンターが発表をするだけでは足りないのです。プレゼンテーションの基本を理解しておきましょう。

$$
\text{プレゼンテーションの三原則}
\begin{cases}
\text{・簡潔に} \\
\text{・印象深く} \\
\text{・わかりやすく}
\end{cases}
$$

🔍 学びを深めるために

　アルバイト先や、サークル活動などで、年代の異なる人々（お年寄りや小さな子ども）、日本語を勉強している外国人の人たちに、わかりやすく話すことを心がけ実行してみましょう。正しい敬語を使い、語彙を増やしてきましょう。

第14章 電話応対

この章で学ぶこと
・家族や友人以外の人との、電話応対の基本を知りましょう。
・電話によるコミュニケーションの特徴を学び、電話応対に慣れ、より良い印象を与えられるようになりましょう。

1 電話の特徴・ポイント

（1）電話の特徴

社会人になると、訪問先へのアポイントメントを取る際など、家族や友人以外の知らない人と電話で話すことが多くなります。また、自分自身にかかってきた電話だけでなく、他人にかかってきた電話を受けることもあり、さまざまな年代・立場の方と話す機会が増えます。どのような人と話してもよい印象を与えることができるように、電話の特徴を知っておくことが大切です。

a 声だけで印象が決定

直接、人と会う時には、視覚・聴覚の両方からその人に対する印象の情報を受けることができますが、電話では声だけですべての印象が決まってしまいます。正しい言葉遣いはもちろんのこと、相手にとってわかりやすい言葉を使い、声のトーン・話すスピード・声の大きさなどに気を配ることで、印象は大きく変わります。あなたの声が、企業や所属する団体のイメージを代表していることを十分理解して、応対しましょう。

b 固定電話と携帯電話・スマートフォンとの違い

普段使っている携帯電話やスマートフォンは、既に知っている個人同士のやり取りが多く、確実に本人が電話に出ることが前提になっています。しかし、企業などで使われている「固定電話（有線電話）」は、電話番号が表記されない場合もあり、誰からかかってくるのか、自分宛ての電話なのか、わからないことが多々あります。自分以外の相手にかかってきた電話に関しては、「取り次ぐ」ということをしたり、「呼び出す」ということをしたりしなければなりません。このような、固定電話と携帯電話・スマートフォンとの違いを踏まえた上で、固定電話の応対の仕方を学びましょう。

（2）電話のポイント

電話の基本的なポイントを確認しましょう。これは、電話を受ける時・かける時に共通したポイントです。固定電話だけでなく、携帯電話・スマートフォンにも使える社会人としての電話のマナーになるので、日頃から気をつけるようにしましょう。

a 電話での第一声は、明るく、はっきり、ゆっくりと

ビジネス電話の第一声は、あなたの印象を決める大事なポイントです。相手にとって聞き取りやす

いように、明るいトーンで、はっきり、ゆっくりと挨拶をし、名乗るように心がけ、専門用語や自社内での省略語などを使わないように気をつけましょう。

b　3コール以内に出る、10コール鳴らしても出ない時は、かけなおす

　ビジネス電話では、鳴りだして3コール以内に出るのが基本で、3回以上鳴ってから出る時には「お待たせしました」とひと言伝えてから話し出すのがマナーです。また、自分が電話をかけている時には、10コール鳴らしても誰も電話に出ない場合は、誰もオフィスにいないか、多忙で電話に出ることができない可能性があります。一旦、電話を切り、また後でかけなおしましょう。

c　メモの用意をしておく

　大事な情報を書きとるため、電話のそばには常にメモの用意をしておきましょう。もし、電話口であわててメモ用紙や筆記用具を探したりしていると、大事な情報を聞き漏らす可能性があります。また、想像以上に固定電話では周囲の音を拾います。メモ用紙を探して「ガサガサ」という音が相手に聞こえてしまうと、失礼にあたります。気をつけましょう。

d　30秒以上の保留はしない

　相手を待たせる時・取り次ぐ時には、必ず保留機能を使うようにし、30秒以上待たせないようにしましょう。家族間・友人間の電話と違い、ビジネス電話では電話をしている相手の時間を使って（奪って）おり、その間の通話代金は相手や企業が負担しています。相手を待たせている時間には、コストがかかっていることに敏感になりましょう。

e　大事な内容は復唱する

　伝言や相手の電話番号・約束の日時など大事な内容は、必ず「復唱いたします」と言ってから繰り返して言いましょう。聞き間違い・思い違いを防ぐことができます。

f　切り方のマナー

　電話をかけた側が先に切るのが原則ですが、相手が目上の方なら相手が切るまで待つのがマナーです。電話を切る前には、「ありがとうございました」「失礼いたします」「どうぞよろしくお願いいたします」など、感じの良い言葉で相手への敬意を込めましょう。また、固定電話ではフックボタンをそっと押し、電話を切るようにしましょう。

2　電話応対の基本

（1）電話を受ける時

　電話を受ける時は、事前にいつかかってくるかわかりません。いつかかってきても大丈夫なように、心の準備をしておきましょう。

a　所属（大学名）や部署名・自分の名前はきちん告げる

所属（大学名）や部署名・名前は大切なものです。社外からの電話なのか、社内からの電話なのか着信音などで把握し、受話器を取ってからひと呼吸おいて伝えましょう。また、家族や友人間の電話でよく使う「もしもし」は、ビジネス電話の場合、電波状況が悪い時にだけ使います。「はい、○○株式会社、◇◇でございます」というように、電話の初めは「はい」を使うようにしましょう。

b　自分宛ての電話の場合

自分宛ての電話を受けた場合には、「○○でございます。いつもお世話になっております」と挨拶をしましょう。取り次がれた電話に出る場合には、「お待たせいたしました。○○でございます」と名前を告げ、挨拶をするようにしましょう。

c　即答できない場合は一旦電話を切る

上司の確認が必要な場合や調べる必要がある等、即答ができない場合は、「折り返しお電話いたします」と告げ、一旦電話を切りましょう。確認に時間を要する場合は、「1週間ほどお時間をいただけますか」「○日までにお返事いたします」等、返答する期限を明らかにします。

d　売り込み（営業）の電話は取り次がない

単なる売り込み（営業）の電話かどうか、わかりにくいかもしれません。しかし、売り込みの電話の可能性がある場合には、「あいにく担当者は席を外しております。戻り次第、お電話させますので、お名前とご連絡先をお願い致します」といって、相手を確認しましょう。

（2）電話を取り次ぐ時

自分以外の人宛ての電話に出た場合、「取り次ぐ」ことが必要になります。自分宛ての電話より確認事項が多くなるので、注意をしましょう。

a　相手の「会社名」「氏名」「用件」を、名指し人（電話を受ける人）へ確実に伝える

自分以外の人宛ての電話を受けた場合は、相手の名前等きちんと確認をし、電話の保留機能を使い、名指しされた人に取り次ぎます。相手の声がよく聞こえない時や名乗らない時には、「恐れ入りますが、電話が少し遠いようです」「失礼ですが、お名前をもう一度お願いいたします」と聞き返しましょう。

b　名指し人が不在の場合

名指しされた人が不在の場合は、相手の会社名・氏名・電話番号・用件を確認し、その後の対応の仕方（伝言のみ、折り返し電話、再度電話）などを確認し、メモに残しましょう。最後に、改めて自分の名前を告げ、責任の所在を明らかにします。

伝言メモの例

```
_____様
                    (     受)
  月　日( )　時　分
_____様より電話がありました。

■ 折り返しお電話ください。
  (TEL              )
■ また、お電話します。
■ 用件は以下の通りです。
  _____
  _____
```

（3）電話をかける時

　電話をかける時は、相手が目の前にいるつもりで姿勢を正して話しましょう。お互いに姿は見えませんが、電話を通じて雰囲気は伝わってしまいます。相手が目の前にいる時と同じように、姿勢や表情に気を配りましょう。

a　準備をする

　電話をかける前に、用件をどう話すか、電話でどこまで話すかをあらかじめ考えておきましょう。また、相手が不在の場合は、自分からかけ直すのか、相手にかけてもらうのか、用件を伝言で残すのかも決めておきましょう。話の流れで必要になりそうな資料も手元に用意するなど準備をきちんとすると、スムーズに話し出すことができます。

b　電話をかける時間帯に配慮する

　最近は「働き方改革」に取り組んでいる企業も多く、始業前や終業直前、昼休みの時間帯に電話をかけることは、相手に残業や休憩の短縮を押し付けることになります。また、休日の翌朝は一般的に多忙なことが多いため、長い時間、話すような電話は失礼にあたります。相手の忙しい時間帯を避けるよう、配慮しましょう。

c　挨拶・所属（大学名）・名前をきちんと伝え、取り次ぎをお願いする

　相手が電話に出たら、「おはようございます」「お世話になっております」など、まず挨拶をしてから、あなたの所属する所属（大学名）・名前を伝え、「取り次ぎ」をお願いしましょう。携帯電話・スマートフォンと違って、電話に出た相手が話したい相手とは限りません。「恐れ入りますが」と付け加えて、話したい相手の名前を伝えましょう。

d　用件を話す

　話したい相手が電話に出たら、また挨拶をし、もう一度名乗ります。その後、必ず相手の都合を「○○の件でお電話しましたが、今、お時間はよろしいでしょうか」と確認してから、話し出すようにしましょう。用件を話す時には、準備通り、整理した情報を伝えるようにし、相手の時間を無駄に奪ってしまわないように気をつけましょう。

e　相手が不在の時

　話したい相手が不在の時には、準備通り、「自分からかけ直す」「相手にかけてもらう」「伝言を残す」のいずれかを伝えましょう。自分からかけ直す場合は、相手の予定を聞き、いつ電話すればいいのか確認します。相手にかけてもらう場合は、念のため、自分の電話番号を伝え、いつ都合がいいのかを伝えましょう。伝言の場合は、「それでは恐れ入りますが、次のことをお伝えいただきたいのですが」と前置きし、用件だけわかりやすく伝えましょう。そして、失礼にならないように、伝言を受けてくれた相手の名前を聞いておきます。

電話応対の流れ図

電話をかける側	電話を受ける側
【事前準備】	
＊相手の電話番号・会社名・部署名・名前を確認 ＊話す用件・資料・メモ	＊コール音が鳴ったら、メモの準備をして、すぐに出る。
【名乗る・挨拶をする】	
	＊挨拶（おはようございます・お待たせいたしました・お電話ありがとうございます） ＋名乗る「○○でございます」
＊相手が出たら名乗り、挨拶をする。 「私、○○大学○○学部の○○と申します」	＊相手の名前を復唱し、確認する。 「○○大学の○○様ですね。いつもお世話になっております」 ＊聞き取れなかったときには、「恐れ入りますが、もう一度お名前をお願い致します」
＊取り次ぎを依頼する 「この度は大変お世話になります。企業説明会の件でお電話いたしましたが、採用ご担当の方（人事部の○○様）はおいでになりますでしょうか」	＊名指しされた人に取り次ぐ 「採用担当の○○でございますね。少しお待ちくださいませ」といって、保留。 「○○さん、△番に○○大学の○○様からお電話です。よろしくお願いします」
＊担当者不在の場合 「それでは、お戻りになる頃にこちらからお電話いたします。何時ごろがよろしいでしょうか」 「恐れ入りますが、折り返しお電話いただけるようお伝えいただけますか。電話番号は○○です」	＊名指された人が不在の場合 「大変申し訳ございませんが、○○はただいま席を外しておりますが、いかがいたしましょうか」 ＊相手の意向を尋ね、メモを残す 「よろしければ、ご伝言を承りましょうか」 「戻りましたら、折り返し電話する様、申し伝えます」（電話番号を必ず復唱する）
「お手数ですが、どうぞよろしくお願いいたします。では、失礼いたします」	＊再度、自分の名前を伝え、挨拶する 「○○が承りました。失礼いたします」
【用件を話す・切る】	
＊取り次いでもらったら、再度挨拶 「私、○○大学○○学部の○○と申します。お忙しいところ恐れ入ります。企業説明会の件でお電話いたしましたが、今、よろしいでしょうか」 「○月○日○時に開催される御社の説明会に、出席させていただきたく、予約をお願いできますでしょうか」	＊挨拶・名乗る 「お待たせいたしました。採用担当の○○でございます。○○大学の○○様ですね。」 「かしこまりました。お申込みありがとうございます。では、○月○日○時の弊社の説明会のご予約、確かに承りました」
「ありがとうございます。こちらこそどうぞよろしくお願いいたします。失礼いたします」	「では、当日のお越しをお待ちしております」 「失礼いたしします」

出典：稲本・白井・吉浦（2018）を参考に筆者作成。

（4）その他の電話の応対

その他に、電話の応対ではさまざまなケースがあります。いくつか確認してみましょう。

a　外部からの電話に対して、社内の人に敬称・敬語を使わない

外部からかかってきた電話で社内の人のことを話す際、例え自分にとって目上の人であったとして

も、「～さん」などの敬称や「今、いらっしゃいません」などと敬語を使わないように気をつけましょう。「○○はただいま、席をはずしております」と社内の人に敬語を使わず、伝えましょう。

b　間違い電話がかかってきたら

間違い電話は、単に「違います」だけでなく、「こちらは123-4567ですが、お間違えではありませんか」と丁寧な対応をするようにしましょう。こちらの番号を明示することで、繰り返しの間違い電話を防ぐことができますし、丁寧な印象を与えることにつながります。

c　丁寧な電話応対の言葉遣い

電話応対の際、よく使う丁寧な言葉遣いを確認しましょう。口に出して練習をしていないと、とっさに出てこないものです。毎日の電話で活用し、言い慣れておきましょう。

通常	電話でよく使う表現
ちょっと待って	少しお待ちいただけますか
わかりました	かしこまりました・承知いたしました
確かに聞きました・了解した	承りました
	（伝言を預かった時、自分が名乗るときにも使用可能）
できません	申し訳ありませんが、いたしかねます
どうですか	いかがでしょうか
知っていますか	ご存じでしょうか
○○部長	（相手の会社の方）部長の○○様／（自社の場合）部長の○○
用件は何ですか	失礼ですが、ご用件をお聞かせ願えますか
すみませんが	恐れ入りますが・申し訳ございませんが
（あなたの）言う通りです	おっしゃる通りです
どうしましょうか	いかがいたしましょうか
繰り返します	復唱いたします

d　知っておくと便利な電話応対のフレーズ

ビジネス電話でよく使う便利な電話応対のフレーズを、いくつか確認しましょう。

場面	文例
名指しされた人が電話中	「あいにく○○はただいま別の電話に出ております。よろしければ、終わり次第、こちらからお電話を差し上げるようにいたしますが、いかがでしょうか」
名指しされた人が接客（来客）中	「あと30分ほどで戻ってまいりますので、よろしければその頃お電話差し上げるようにいたしましょうか」
名指しされた人の電話番号を聞かれた	「こちらで連絡を取りまして、必ず折り返しお電話を差し上げるようにいたします」（勝手に電話番号を伝えないこと）
電話が聞こえない時	「申し訳ありません、電波状況が悪いようですので、もう一度お願いできますでしょうか」
受けた電話でこちらの要件を話したい時	「いただいたお電話で恐縮ですが、○○の件について、このお電話でお伝えしてもよろしいでしょうか」

　皆さんの家に固定電話はありますか？子どものころ、留守番中、家の固定電話が鳴った時、どうしていましたか？「お母さん、お父さんはいますか」という電話に「今いません」と答えたことはないでしょうか？留守番電話機能を設定しておき、出ないという方法をとってきた人もいるかもしれません。アルバイト先では、いかがでしょうか？お客様や取引先など、誰からかかってくるかわからない電話にアルバイトである学生の皆さんが対応することは少ないかもしれません。

　「誰が出るかわからない」のが固定電話です。企業の電話は固定電話が多いのが現状です。インターンシップや就職活動では、固定電話に電話をかけることになります。また、企業から固定電話を使い電話がかかってきます。時には、電話応対の印象が採用、不採用に関わってくることもあります。

　インターンシップや就職活動では、メールやショートメール、LINEでのやりとりが多くなってきているのが現状ではありますが、メールの内容に疑問を感じた時など、採用担当者に確認の電話をすることも少なくありません。つまり、メールのやりとりに加え、電話でのやりとりも多いのです。

　是非、この機会に固定電話でのやりとりをしっかり練習しましょう。

💬 **やってみよう**［➡ワークシート 14-1（1）］

　2人1組になって、電話の応対をやってみましょう。1人がかける側、もう1人が受ける側になり、就職活動の面接通過の電話応対を練習しましょう。p. 79の表を参考に、言葉づかいに慣れていきましょう。

💬 **やってみよう**［➡ワークシート 14-2（2）］

　2人1組になって、就職活動の面接の予約電話の練習をしてみましょう。

　また、電話を受ける側は、p. 79の表で、担当者への取次ぎ、不在時の対応の仕方、伝言メモの作成なども確認しつつ、いろいろな訪問約束の取り付けの電話応対の練習もしてみましょう。

🔍 **学びを深めるために**

・自分の名前の漢字表記や連絡先など、口頭で伝える練習をしておきましょう。
・電話をしながら、電話内容をわかりやすくメモにとる練習をしておきましょう。
・アルバイト先などで電話対応をし、実際の電話応対に慣れておきましょう。

第15章

訪問のマナー

この章で学ぶこと

・訪問する相手の都合を確認し、アポイントメントを取る方法を確認しましょう。
・企業への訪問の際の基本と、遅刻などトラブル対処の仕方を知って、自信が持てるようにしましょう。

1　訪問の準備

（1）訪問先の情報を確認

　社会人にとって相手先を訪問して打ち合わせや商談を行うことは、ビジネスチャンスをつかむために重要です。就職活動をする学生にとっても、受験先の企業に良い印象を持ってもらい採用内定を得るためには、必要不可欠な過程です。訪問を成功させるため、準備を行いましょう。

a　訪問先の所在地・連絡先・連絡方法を確認する

　訪問するために必要な情報（所在地・連絡先等）を、あらかじめインターネット等で調べておきましょう。訪問先によっては、連絡方法を指定している場合があります。メール・電話で連絡すべきなのか、指定の WEB サイトから連絡すべきなのか、確認しておきます。

b　交通手段・所要時間の確認は必須

　電車やバスなど、公共交通機関での行き方・所要時間はもちろんのこと、万一、いずれかの交通機関に遅延等が起こった場合に備え、代替ルートも調べておきましょう。特に、初めて訪問する場合は、訪問先の近くで道に迷うことが予想されます。地図で訪問場所をきちんと確認しておき、約束時間に余裕をもって受付に到着できるよう、所要時間の確認をしておきましょう。

（2）アポイントメント（訪問予約）の取り方

　訪問の際は、アポイントメントを取る必要があります。相手の都合を伺い、スケジュールの調整を行うのはもちろんのこと、この時の印象がよければ、訪問の際、あなたにとって有利になります。丁寧な姿勢で臨みましょう。なお、電話でアポイントメントを取る際には、第14章の電話応対を参考にしましょう。

a　指定された連絡方法で、訪問目的をはっきりと伝える

　訪問先が忙しい時期や時間帯を避け、指定された連絡方法で連絡を取りましょう。挨拶・自分の所属（大学名・学部名）・名前を告げ、担当者に訪問目的を伝えます。

b　担当者の都合を確認する

　訪問する担当者のスケジュールを確認しましょう。基本的に、相手の都合を優先します。相手に訪

問可能日の候補日・時間帯をいくつか挙げてもらい調整するか、自分も訪問できる日にちに限りがあるなら、複数の案を提示しましょう。日程が決まったら、復唱をして確認することに加え、時間を割いてもらうことに対し感謝の言葉を伝えましょう。また、万一の場合に備え、当日の連絡先を交換しておきましょう。

（3）服装・資料等の準備

より良い訪問をするため、早めに準備をしましょう。服装や資料の準備が整っていると自信がでてよい話し合いができ、相手にも好印象を与えることができます。少なくとも、数日前には準備が完了しているようにしましょう。

a　服装の準備は、早めに

当日の着る予定の服にシミ・しわがないか、靴はきちんと磨かれているかなど、早めに確認しましょう。汚れ等を見つけた場合、クリーニングに出す時間の余裕を見込んでおくと安心です。天気予報を見て、天候に合わせた服装を選ぶことも大切です。

b　当日使う名刺・資料などは、確実に、多めに

当日使うことが予想される、訪問先の周辺地図や名刺・資料・筆記用具などを確実に準備しましょう。出席者が突然多くなり、名刺が足りない、資料のコピーが足りないといったことなどがおこらないよう、少し多めに準備します。

> 🗨 **やってみよう**
> 　指定された訪問先への訪問の準備をしてみましょう。所在地・交通機関・所要時間を調べるのはもちろんのこと、メール・電話などいろいろな連絡方法を試してみましょう。

2　訪問の当日

（1）訪問先へ到着

訪問先に着いたら、担当者に会う前からもう訪問が始まっています。周囲の人にも見られていることを意識しつつ、訪問を成功させるため、気を引き締めて挑みましょう。

a　到着したら、まず身だしなみをチェック

訪問先に着いたら、コートやマフラーなどの防寒着は訪問先の玄関やビルに入る前に脱ぎ、身だしなみを整えます。髪型や服装に乱れはないか、できれば全身がうつる鏡で確認するとよいでしょう。

b　受付で取次ぎを依頼する

受付担当がいる会社、受付のかわりに内線電話がある会社など、受付の形式はさまざまです。まずは所属（大学名）・名前など自己紹介をし、「○時に△部の××様とお約束があり、お伺いしたのです

が」と申し出ましょう。受付がない場合には、ノックをしてドアを開け、「失礼します」と述べてから、同じように自己紹介・約束の相手のことを告げましょう。

c　約束の時間に遅れそうになったら、即連絡

訪問の際、遅刻は厳禁です。しかし、どうしても遅れてしまう時には、あらかじめ交換をしておいた連絡先にすぐに連絡をしましょう。まずお詫びをし、簡潔に遅れる理由を述べ（電車の遅延・交通渋滞等）、何分くらい遅れそうか見通しを伝えましょう。

（2）応接室等へ入室

いよいよ担当者への訪問が始まります。会釈をして応接室に入室したら、着席をして担当者を待ちましょう。一緒に担当者と入室する場合もありますが、基本は同じです。また、応接室へ向かう途中、廊下等で会う担当者以外の方にも、すれ違う時に会釈や挨拶をしましょう。

a　席次（席の順番）に気をつける

席次とは、どこがお客様にとって良い場所かを示すものです。一番良い位置のことを「上座」といい、出迎える側・訪問される側は「下座」と呼ばれる場所に座ります。訪問先の方や目上の人に失礼にならないよう、席次の基本を確認しましょう。

原則として、入り口から一番遠いところ上座としますが、図のように和室と洋室でその位置が微妙に違います。和室では、左側が右側よりも上座（左上位の原則）であり、洋室では右側が左側よりも上座（右上位の原則）です。

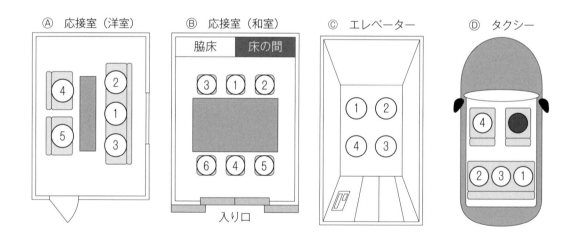

b　荷物は足元に、コートはたたんでバッグの上に

大きな荷物は足元に置き、コートはたたんでできればバッグの上に置きましょう。テーブルやソファーの上に、荷物やコートを置くのはマナー違反です。また、相手がコートをハンガーにかけることを勧めてくれた場合には、御礼を言ってかけましょう。

🗨 やってみよう［➡ワークシート 15-1（1）］
　p. 84の図を参考にして、上座から優先順位をつけ席次を確認しましょう。また、エレベーターにのる時など、普段から席次を意識した立ち位置・座る位置を試してみましょう。

（3）面談・商談等の開始

　面談等は、最初の印象が重要です。人間の第一印象は1秒未満で作られるとも言われているため（トドロフ 2019）、担当者と会う最初の瞬間を大切にして面談等を始めましょう。

a　自己紹介のポイント

　担当者が入室したら立ち上がり、挨拶をきちんとしてから、所属（大学名）・名前を名乗りましょう。もし名刺を持っているなら、名刺交換をします。自分が企業所属で訪問する側が複数人いる場合には、地位の低い人から高い人の順番で紹介をし、「こちらが私どもの部長の○○でございます」というように、「〜さん」「○○部長」といった敬称をつけないように気をつけましょう。

b　名刺交換はきちんと

　名刺は、初対面の相手に自分を紹介する大切なツールです。学生のうちは使用することがほとんどありませんが、社会人にとっては必須のアイテムです。名刺交換は必ず立って行い、訪問した方から名刺を差し出します。本来、名刺は両手で渡すものですが、最近は「同時交換」が主流です。交換後は、相手の名刺をテーブルの上に席順に並べておきます。

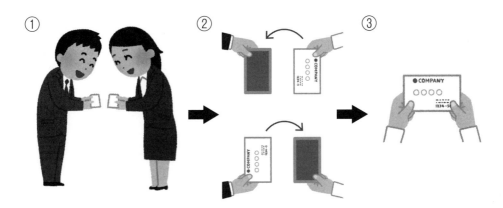

　① 胸の高さに両手で名刺を持ち、② 自分と相手の名刺を同時交換。③ 相手の名刺を受け取ったら、名刺入れの上にのせて両手で持ち、手前に引き寄せます。

🗨 やってみよう［➡ワークシート 15-2（2）］
　訪問の流れを、ひと通りやってみましょう。アポイントメントを取るところから始め、会社に入り、上座・下座に気をつけて座る、名刺交換をするなど、さまざまなケースを体験してみましょう。

3　帰り際のマナー

（1）訪問終了時

訪問終了時は、訪問した側が話を切り上げるのが原則です。「終わりよければすべてよし」というように、訪問の最後の振る舞いが相手に強い印象を与えます。最後まで気を抜かずに行いましょう。

a　最後の挨拶は、感謝の心をこめる

訪問の最後に使用した資料等を手早く片付け、時間を割いてくれたことに対し丁寧に感謝の言葉を述べましょう。立ち上がってから再度、御礼の言葉を述べるとより好印象です。

b　訪問した担当者以外にも、挨拶を

応接室を出て訪問先を出るまでの間にすれ違う方にも、「ありがとうございました」「失礼します」など必ず挨拶をして出るようにしましょう。

c　訪問先を出る前に、もう一度振り返る

「見送る」とは、相手の姿が見えなくなるまで行うものです。訪問先を立ち去る時には、担当者が見送ってくれている可能性があるため、訪問先を去る前にもう一度振り返りましょう。見送りに対しては、会釈を返します。また、コートなどの防寒着は、原則として訪問先を出てから着るようにしますが、相手に勧められれば出る前に着ても大丈夫です。

（2）訪問先を出た後

訪問先を出た後、つい緊張が解けてしまった姿を後ろから担当者に見られていたら、今までの努力が水の泡です。訪問先を出た後も、気を引き締めて立ち去りましょう。

a　後ろ姿にも気を配る

訪問先を立ち去る後ろ姿を、まだ担当者が見送っている可能性があります。背筋を伸ばし、後ろ姿に気を配り、美しい歩き姿で立ち去りましょう。

b　訪問先での話を、帰り道でしない・SNSに書き込まない（情報の管理）

同行者がいたり、友人／会社へ電話をしたりした際、つい訪問先での会話の詳細や担当者について話してしまいがちです。しかし、その行為は「情報漏洩」にあたる場合もあります。また、使用した資料等を広げ、公の場で見直すのも要注意です。社会人になると情報の管理が重要であることを、しっかりと認識しましょう。就職活動をする学生は、会社の外や最寄りの駅にも、面接を受けた会社の方がいる可能性を理解しておきましょう。なお、訪問の様子をプライベートのSNSに書き込むことも、同じように「情報漏洩」になりかねず「炎上」を招く可能性があります。気をつけましょう。

c　すぐに御礼メールを

会社に戻った後や翌日、訪問に対応してもらった御礼をすぐにメールで送りましょう。「本日は貴

重なお時間をいただき、ありがとうございました」等、感謝の言葉を伝えます。持ち帰った検討事項などがあれば、後日、返事をすることもあわせて伝えましょう。

コラム 8 SNS 利用時のマナー

　SNS とは、social networking service の頭文字をとった呼び名で、皆さんが普段からよく使っている facebook、Twitter、LINE といったインターネットを利用したコミュニケーションサービスを指します。皆さんは便利なコミュニケーションツールとして SNS を日常的に使っているのではないでしょうか？　しかし、これらに頼りすぎているうちに、扱いを間違って、ちょっとした発言により他人を傷つける加害者になってしまったり、傷つけられたり誹謗中傷を浴びる被害者になったり、また、成りすましによりアカウントを乗っ取られ、知らないうちに加害者となると同時に被害者になったりしてしまうこともあります。また、位置情報などにより、ストーカーや空き巣の被害者になる恐れもあります。
　SNS を使う上で注意すべきことを確認してみましょう。

　① 自分自身の情報の公開範囲に注意する。自分で公開範囲を設定する。
　② 自分が撮影して投稿した写真に他人の著作、作品、顔などが写っていないかを確認する。写っている場合は、投稿してもよいかどうかを本人に確認する。勝手に投稿しない。
　③ 投稿する本文、発言に責任を持つ。
　④ 投稿内容・発言は公表してもよい情報か、確かな情報か？　確認を怠らない。
　⑤ 他人を誹謗中傷するようなことは書かない。個人が特定されないようにする。
　⑥ お店やレストランなどの商品を撮影する時には撮影して良いかどうか確認する。

SNS 疲れを防ぐために
　SNS の便利さは、何といっても短く簡単に手軽に発信し、返信できるところでしょう。その場で会話しているようにチャットをすることも可能です。グループでのやりとりであれば、その場で仲間と一緒にいられるという思いと同時に、参加しておかないとあとから話がわからなくなる、仲間外れにされるなどと心配することはありませんか？　SNS 疲れと言われる症状を経験したことはありませんか？
　相手は常にあなたの発信したメッセージに応えることができる状況なのかどうか考えてみましょう。「既読がつかない」「返信が遅い」と言う前に、相手が今何をしているのかについて思いやる気持ちを大切にしたいものです。返答を急ぐ緊急の用事であれば、電話を使いましょう。ビジネスの現場では、電話での直接確認が必須です。

🔍 学びを深めるために

・訪問の流れについて、自分なりのチェックリストを作って整理をしてみましょう。
・アポイントメントを取るメール、御礼メールを書いてみましょう（**第16章　文書作成**を参照）。
・就職活動に備え、訪問全体のシミュレーションをしましょう。

第16章 文書作成

第 16 章

この章で学ぶこと

- 手紙（手紙の基本・送付状・封書）の書き方を知っていますか？
- 正しい E メールの書き方やマナーを知っていますか？
- 話し言葉によるやりとりとは異なる書き言葉による文書作成の基本を学びましょう。
- 学生の皆さんは、友人とやりとりをする際にどのような通信手段を使っているでしょうか？ 仲の良い友人とのやりとりと、目上の人とのやりとりは、同じで良いのでしょうか？

1　ビジネス文書

（1）ビジネス文書作成時の留意点

　文書は仕事を進める上で最も基本的で重要なコミュニケーションツール（情報伝達）といえます。社会人になると、ビジネス文書を書くことが多くなり、正しく書けることが要求されます。文書の目的は、正確に必要な用件を相手に伝えることです。

（2）実際に文書を作成する上での留意点

　会社の業務活動は文書によって最終処理が行われるため、ビジネスに関わるようになったら、文書作成能力は私たちにとって必要不可欠なものです。

　ビジネス文書は、「正確・簡潔・明瞭」にまとめることがポイントです。様式やルールに則って作成できるよう、文書の基本を確認しましょう。

> ① 横書きが基本（数字やローマ字などが入っていても書きやすい）
> ② 結論から先に書く
> 　　結論から書くことによって、内容が相手にすぐに伝わる。ビジネス文書はまずは結論
> 　　そして根拠というように展開していくのが一般的
> ③ ５Ｗ２Ｈを念頭において書く
> ④ ポイントを整理し、箇条書きを使う
> ⑤ 正確、簡潔、明瞭な表現を用いる
> ⑥ 文体を揃える　敬体文「〜です。〜ます。」と、常体文「〜である。〜だ。」
> ⑦ １つの文書には、１つの用件のみ書く

ビジネス文書は、社外に出すものと社内で使用するものの２つに分かれます。

a　社外文書

　社外文書は、用件を関係者に伝達するだけでなく、"会社を代表して作成する"という心構えが必要です。スタイルとしては"前付け""本文""付記"の３つの部分から成り立っています。

　（例）見積書・注文書・請求書・契約書・案内状・紹介状・通知状など

88

b　社内文書

　社内文書は、それほど形式にとらわれることなく、早く正確に必要な用件を伝えることが大切です。社外文書とは異なり敬語などは省略して簡潔に書きます。不特定者に宛てる文書は"である体"を用い、特定者に宛てるものは"です・ます体"を用います。

（例）稟議書・報告書・連絡文書・企画書・計画書・休暇届出書など

2　さまざまな文書

（1）手紙の基本

　最近では、メールやSNSなどの通信手段を利用する人が多く、手紙を書く機会が減っているようです。しかし、丁寧にお礼の言葉を述べたり、お詫びをしたりする時は、手紙を書くようにしましょう。日本では、挨拶状、お礼状、お詫び状など、ビジネスの場面でメールよりも丁寧なやりとりとして手紙が用いられます。手紙には、その構成のルールがあります。

手紙の構成

頭語と結語の対応

　頭語は前文の書き出しに使う言葉で「こんにちは」にあたり、結語は末文の最後に用いる結びで「さようなら」にあたります。頭語と結語は一対となってはじめて、礼にかなった挨拶用語となります。状況に応じて使い分けましょう。

	頭語	結語
通常	拝啓	敬具
丁寧な場合	謹啓	敬具（謹言）
前文を省略する場合	前略	草々
返信を出す場合	拝復	敬具
急ぎの場合	急啓	草々（不一）

時候の挨拶

　時候の挨拶は、月ごとに定められた決まり文句を「前文」の書き出しに使うものです。「〜の候」という挨拶は儀礼的な要素の強い慣用句として、ビジネス文書ではよく使われます。

1月	新春の候 寒冷の候 厳寒の候	2月	晩冬の候 立春の候 向春の候	3月	早春の候 春風の候 春寒の候	4月	春暖の候 桜花の節 春爛漫の候
5月	晩春の候 若葉の候 新緑の候	6月	初夏の候 立夏の候 長雨の候	7月	盛夏の候 猛暑の候 酷暑の候	8月	残暑の候 晩夏の候 暮夏の候
9月	新涼の候 立秋の候 初秋の候	10月	秋晴れの候 秋冷の候 紅葉の頃	11月	晩秋の候 霜月の候 向寒の候	12月	師走の候 初冬の候 寒冷の候

送り先に使う敬称

　敬称とは人名や職名の下につけて、敬意を表す呼び方です。ビジネス文書では前文よりも先に宛先

として挿入し、手紙文では末文の後、日付、自分の名前のあとに挿入します。

　敬称には種類があり相手によって使い分けます。失礼にならないように注意しましょう。

敬称	使い方	例
様	特定の個人 肩書つきの個人	○○株式会社　○○○○様 ○○株式会社　営業部長　○○○○様
殿	職名に宛てる	営業部長殿
御中	企業・団体に宛てる	○○株式会社御中 ○○株式会社　人事部御中
各位	同一文書を多人数に宛てる	お客様各位・社員各位

前文として使う慣用句（慣例として使われる決められた表現）
会社宛て前文の慣用句（会社の繁栄を祝う挨拶）

（意味：会社の繁栄・健康をお祝いします）

貴社 貴店 貴行	ますます いよいよ いっそう	ご清栄 ご清祥 ご繁栄 ご健勝 ご発展 ご隆盛	のことと のご様子 の段	お喜び申し上げます お慶び申し上げます 何よりと存じます

お得意様、お世話になっている方への感謝の挨拶

（意味：ふだんは特別な思いやりの気持ちをいただき有り難うございます）

平素は格別の	ご厚情 ご高配	を賜り謹んでお礼申し上げます。

末文（終わりを結ぶ慣用的な表現）

まずは、ご報告申し上げます。 よろしくご査収くださいますようお願い申し上げます。 取り急ぎご回答（ご報告）申し上げます。 今後とも一層のご指導を賜りますようお願い申し上げます。 まずは、略儀ながら書中をもってご報告申し上げます。 末筆ながら、ご自愛のほどお祈りいたします。 ご返事お待ちいたしております。 あしからずご了承くださいますようお願いいたします。

手紙の構成例「インターンシップのお礼状」

・感謝の気持ちが相手に伝わるように、文字はできるだけ丁寧に心を込めて書きましょう。

・手紙を送る時期を逃さないように、できるだけその日のうちに書くか、遅くとも2〜3日中には書くようにしましょう。

拝啓

　時下ますますご清栄のこととお喜び申し上げます。

　○月○日まで、貴社△支店でのインターンシップに参加させていただきましたA大学B学部C学科の大学太郎と申します。

　このたびは○日間にわたり大変貴重な体験をさせていただきました。

　◆◆様をはじめ、営業部の皆様には、多くのことを教えていただき、大変充実した時間を過ごすことができました。今回のインターンシップでいただきました数々のアドバイスをこれから就職活動だけでなく社会人となってからの生活にも活かしていきたいと思います。

　まずは、ご指導いただきました御礼を申し上げたくお便りいたしました。本当にありがとうございました。

　今後の貴社のご発展と◆◆様のますますのご活躍をお祈り申し上げます。

敬具

　　　　　○○○○年○月○日

株式会社大空商事
総務部人事課　◆◆◇◇様

　　　　　A大学B学部C学科　大学太郎

（2）送付状（カバーレター）の作成

　履歴書や応募書類など、書類を送付する時には、書類だけを入れるのではなく、送付状を作成して同封します。インターンシップの応募書類などを送付する時も必ず作成しましょう。

　送付状は、
① 日付、② 宛名、③ 署名、④ 件名、
⑤ 本文、⑥ 別記、⑦ 別記主文、⑧ 結び
で構成されます。

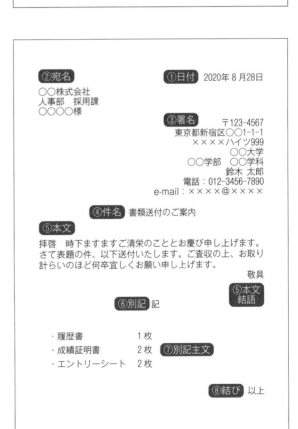

②宛名
○○株式会社
人事部　採用課
○○○○様

①日付　2020年8月28日

③署名
〒123-4567
東京都新宿区○○1-1-1
××××ハイツ999
○○大学
○○学部　○○学科
鈴木　太郎
電話：012-3456-7890
e-mail：××××@××××

④件名　書類送付のご案内

⑤本文
拝啓　時下ますますご清栄のこととお慶び申し上げます。
さて表題の件、以下送付いたします。ご査収の上、お取り計らいのほど何卒宜しくお願い申し上げます。

敬具

⑤本文結語

⑥別記　記

・履歴書　　　　　1枚
・成績証明書　　　2枚　　⑦別記主文
・エントリーシート　2枚

⑧結び　以上

封筒の書き方

　最近では、封筒に切手を貼って郵便ポストに投函する機会が減り、宅配便等の、伝票や、所定の箱やパッケージの住所記入欄、氏名記入欄に必要事項を書くことが多くなりました。封筒に送付先（宛先）と差出人の住所を手で書く場合、どのように記載するのかを確認しておきましょう。

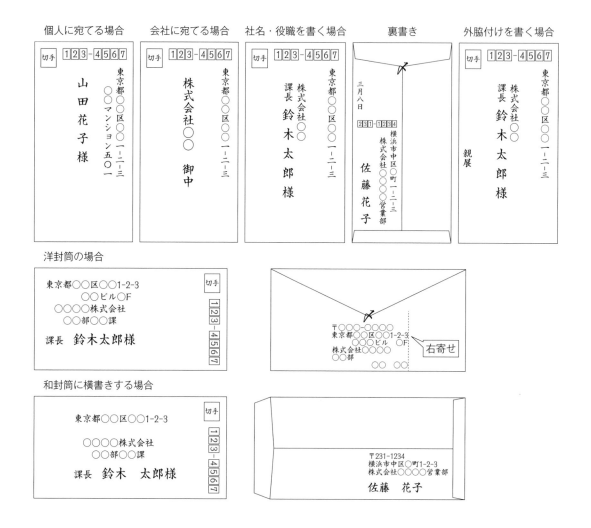

（3）Eメール作成の注意点

　件名は、第一本文と心得て、簡潔で内容がすぐわかるような件名にします。ビジネスで忙しい社会人は1日に何十通ものメールを受信します。受信ボックスの件名の一覧を見て、重要度の高い（急ぎの）メールから開封していきます。相手にどのような用件で送っているのかを一目でわかるように、件名は必ず入力します。件名に自分の名前も記入した方がよりわかりやすくなります。

・宛先の表示には「様」をつけます。
・目的や状況に応じて宛先、CC、BCC を使い分けます。
・CC や一斉配信で複数の宛先に配信されたメールに返信する場合、全返信が適切か注意します。
・メールを受け取ったら、必ず、開封したこと、既読であることを返信します。

・手紙が、挨拶・前文・本文と、儀礼的な慣用句から始まって用件にたどり着くのと異なり、メールでは、挨拶や儀礼的な文章は、最小限にします。
・特に忙しい相手が画面をスクロールして下の方まで読まなくても済むように簡潔に書く工夫をします。ただし、いきなり用件を書くのは失礼です。

★送信する前に、一度読み返してみることを忘れないようにしましょう。

★送信画面を確認してスクロールせずに一目で全体が見られることを確認します。

メール本文作成のコツ

① 宛先を入れる（メールを読んでいただく担当者）
② 件名を入れる
③ 宛名を書く
④ 挨拶、名乗る
⑤ 質問事項等を簡潔に（日時／場所なども確認のため記入する）
⑥ 行間をあける（そのほうが読みやすい）
⑦ 自分の連絡先を載せる、署名としてテンプレート保存にしておくと便利！

　皆さんは、スマートフォンのショートメール機能やSNSのLINEなどチャット形式（会話形式）のやりとりを日常的に使っていることでしょう。Eメールについても仕事のメールをパソコンではなく、いつでもどこでも見られるスマートフォンや携帯電話で送受信する人も増えています。
　「便利だから」「スマホ（スマートフォン）があればPCは必要ない」と気楽に考えていてはいけません。ビジネスで使うメールのマナーやルールは、パソコンでのやり取りを前提にしています。ビジネスメールで「スマホ・携帯×チャット感覚」でのメール作成をしていると、「マナー知らず」「失礼な人」と思われてしまう恐れがあります。

パソコンとスマホ・携帯では見え方が違う

　パソコンメールとスマートフォン・携帯電話の最大の違いは、表示（見え方）です。
　スマートフォン・携帯電話で読みやすい状態（改行のない状態）でメールを送信すると、受信者（パソコンで見る場合）の画面では改行がなく横に長い長文で読みにくくなってしまいます。
　もしもスマートフォンや携帯電話からメールを送る必要がある時は、相手がどのような環境でこのメールを見るのか、事前によく考える必要があります。最も注意を払うべきは「自分の送信環境」ではなく、「相手の受信環境」です。

タブレット・PC

全メール一覧 〉受信トレイ　　　　　　　　ↄ ✎ ⌕ ☐
▼全メール一覧　　　　　　↰ ↱　　　★ 🗑 📁
・受信トレイ　／ □○○をご確認ください。／ 送信者：□□□□
おしらせ　　　／ □△△について。　　／ 宛先：xxxxxx@xxxxxxxxx
ニュースレター │ ■株式会社　◇◇商事 │ 日時：2023年7月14日 15:15:58

スマートフォン

＜　　　　　　　　　☆ 🗑 ☐
送信者：□□□□
宛先：xxxxxx@xxxxxxxxx
日時：2023年7月14日 15:15:58
添付：×××.pdf

株式会社　◇◇商事
人事部採用グループ　御中

ご連絡ありがとうございます。○○大学の□□□□です。
面接の機会を頂けるとのこと併せてお礼申し上げます。
以下の通りに貴社へ伺います。

記
日時：10月23日 10：00-10：30

LINE SMSのチャットのように、絵文字やスタンプは使わない。文字情報(本文)のみでのやりとりが原則。

メールの書き方例

［パソコンの場合］

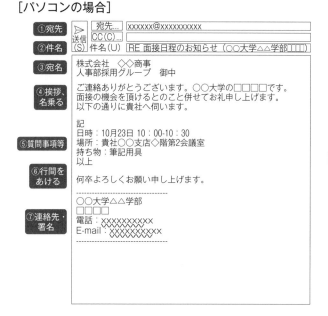

① 宛先
② 件名
③ 宛名
④ 挨拶、名乗る
⑤ 質問事項等
⑥ 行間をあける
⑦ 連絡先・署名

［スマートフォンの場合］（返信の例）

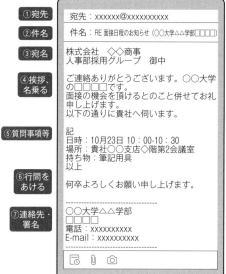

① 宛先
② 件名
③ 宛名
④ 挨拶、名乗る
⑤ 質問事項等
⑥ 行間をあける
⑦ 連絡先・署名

プライベートのチャット気分でメールをするのは危険

　スマートフォンのメールで最も良くないことは、プライベートで使っているチャット感覚（気軽な友達感覚）でメールを送ってしまうことです。返信の際には、CC の宛名も含めた全員へ返信するのか、個人に限定して返信するのかにも注意し、必ず件名も入力しましょう。

　メール本文はパソコンメールと同様に「宛名、挨拶、自己紹介、結び、署名」を必ず入れましょう。これらを省いたメールが送りつけられると、「私のことを友達感覚で軽く見ているのか？」「仕事と遊びの区別もつかないのか」と不快に思う人もいます。「スマホだから、挨拶はなくても許される」と考えてはいけません。

　ゼミやアルバイト先などの所属先から一斉メールとして配信されるメールに対しては、必ず返信を心がけましょう。SNS を使い慣れている皆さんは「既読」通知によって相手がメッセージを読んだかどうか簡単に理解できることに慣れており、わざわざ返信しなくても大丈夫だと気楽に考えているかもしれません。メールの場合は、基本的には返信メールを作成送信しない限り既読であるかどうかが相手に伝わりません。送信者も添付ファイルの状況なども含めてきちんと相手に届いているか、読むことができたかどうかを確認する必要があります。就職活動も含めてビジネスの場ではメールのやり取りが必須となります。したがって、メールは送りっぱなしではなく、レスポンスがない場合は、電話や SNS などを使って「メールをご覧いただけましたか？」などと確認し、また、メールの送信漏れや返信漏れにも注意していきましょう。

学びを深めるために

　公的な手続きの場面では、手書きの文書が必要となる場面が数多くあります。正しい文字で正確に書くことが重要です。履歴書や申込書などを記入する練習をしておきましょう。その前に、正確なデータを準備し、下書きをするなど、準備をすることも忘れずに。

引用・参考文献

五十嵐健（2012）『世界一わかりやすいプレゼンの授業』中経出版。

石田眞・朝倉むつ子・上西充子（2017）『大学生のためのアルバイト・就活トラブル Q&A』旬報社。

稲本恵子・白井弘子・中村真典（2013）『キャリアデザインワーク　プロフェッショナル社会人　学生から社会人へすぐに使える15レッスン　コミュニケーション・マナー編』ホルス出版。

稲本恵子・白井弘子・中村真典（2014）『キャリアデザインワーク　プロフェッショナル社会人　学生から社会人へすぐに使える15レッスン　社会生活と自立のためのルール編』ホルス出版。

稲本恵子・白井弘子・吉浦昌子（2018）『社会人基礎力——大学生の社会人準備講座』晃洋書房。

一般財団法人 職業教育・キャリア教育財団監修（2015）『2016年版 ビジネス能力検定ジョブパス 3 級公式テキスト』日本能率協会マネジメントセンター。

岩井　洋・奥村怜香・元根朋美（2021）『プレステップ　キャリアデザイン　第 5 版』弘文堂。

奥村真希（2007）『仕事で使う！　日本語ビジネス文書マニュアル』アスク出版。

加藤淳／日本語検定委員会編（2019）『日本語検定公式領域別問題集　改訂版　敬語』東京書籍。

グラットン，リンダ（2012）池村千秋訳『WORK SHIFT』プレジデント社。

経済産業省「「人生100年時代の社会人基礎力」説明資料」https：//www.meti.go.jp/policy/kisoryoku/kisoryoku_PR.pptx（2023年 5 月 1 日閲覧）。

厚生労働省「令和 3 年賃金構造基本調査」。

厚生労働省「令和 3 年度厚生年金保険・国民年金事業の概況」。

シャイン，E. H.（1991）二村敏子・三善勝代訳『キャリア・ダイナミクス——キャリアとは，生涯を通しての人間の　生き方・表現である』白桃書房。

シャイン，E. H.（2003）金井壽宏訳『キャリア・アンカー——自分のほんとうの価値を発見しよう』白桃書房。

シャイン，E. H.（2009）金井壽宏・高橋潔訳『キャリア・アンカー I セルフ・アセスメント』白桃書房。

住宅金融支援機構「2021年度フラット35利用者調査」。

関　和之（2016）『学校では教えてくれない大切なこと　12　ネットのルール』旺文社。

中央教育審議会「今後の学校におけるキャリア教育・職業教育の在り方について（答申）」https：//www.mext.go.jp/component/b_menu/shingi/toushin/__icsFiles/afieldfile/2011/02/01/1301878_1_1.pdf（2023年 5 月 1 日閲覧）

Todorov, A. (2017) Face Value, Princeton University Press（トドロフ，A.『第一印象の科学——なぜヒトは顔に惑わされてしまうのか？』中里京子訳、作田由衣子監修、みすず書房、2019年）。

中村健壽（2011）『ワークで学ぶコミュニケーションスキル』西文社。

特定非営利活動法人 日本マナー・プロトコール協会（2014）『改訂版　「さすが！」といわせる大人のマナー講座』PHP 研究所。

野村総合研究所「日本の労働人口の49％が人工知能やロボット等で代替可能に～601種の職業ごとに、コンピューター技術による代替確率を試算～」https：//www.nri.com/-/media/Corporate/jp/Files/PDF/news/newsrelease/cc/2015/151202_1.pdf（2023年 5 月 1 日閲覧）

プレゼンテーション学研究会編集（2006）『コミュニケーション技法　第 1 版』株式会社ウイネット。

プレゼンテーション学研究会編集（2008）『プレゼンテーション技法　第 1 版』株式会社ウイネット。

ホランド，J. L.（2013）渡辺三枝子・松本純平・道谷里英訳『ホランドの職業選択理論——パーソナリティと働く環境——』雇用問題研究会。

真山美雪監修（2011）『カンペキ！ 女性のビジネスマナー』西東社。

宮城まり子（2002）『キャリアカウンセリング』駿河台出版社。

文部科学省「国立大学等の授業料その他の費用に関する省令（平成十六年文部科学省令第十六号）」。

文部科学省「私立大学等の令和 3 年度入学者に係る学生納付金等調査結果」。

文部科学省「令和 3 年度子供の学習費調査」。

柳原光（2005）「ジョハリの窓——対人関係における気づきの図解式モデル」津村俊充・山口真人編『人間関係トレーニング　第 2 版』pp. 62–65、ナカニシヤ出版。

山本真吾（監修）（2015）『小学生のまんが敬語辞典　新装版』学研プラス。

リクルートマーケティングパートナーズ（2022，2019）「ゼクシィ結婚トレンド調査」2022年、2019年。

労働政策研究・研修機構（2002）『VPI 職業興味検査手引　第 3 版』日本文化科学社。

労働政策研究・研修機構（2016）「職業相談場面におけるキャリア理論及びカウンセリング理論の活用・普及に関する文献調査」JILPT 資料シリーズ No. 165。

労働政策研究・研修機構（2022）『第 5 回改訂　厚生労働省編職業分類　職業分類表　改定の経緯とその内容』https：//www.jil.go.jp/institute/seika/shokugyo/bunrui/documents/shokugyo05.pdf（2023年 5 月 1 日閲覧）。

労働政策研究・研修機構（2023）『ユースフル労働統計2022』。

渡辺三枝子編著（2018）『新版キャリアの心理学［第 2 版］——キャリア支援への発達的アプローチ』ナカニシヤ出版。

〈Web サイト〉

外務省「SDGs とは」https：//www.mofa.go.jp/mofaj/gaiko/oda/sdgs/about/index.html（2023年 5 月 1 日閲覧）

厚生労働省「明るい職場応援団」https：//www.no-harassment.mhlw.go.jp/（2023年 5 月 1 日閲覧）

厚生労働省「職業情報提供サイト（日本版 O-NET）」https：//shigoto.mhlw.go.jp/User/PersonalUse（2023年 5 月 1 日閲覧）

厚生労働省「確かめよう労働条件」https：//www.check-roudou.mhlw.go.jp/（2023年 5 月 1 日閲覧）

厚生労働省「確かめよう労働条件 Q&A」https：//www.check-roudou.mhlw.go.jp/qa/roudousya/zenpan/q4.html（2023年 5 月 1 日閲覧）

国連広報センター「2030アジェンダ」https：//www.unic.or.jp/activities/economic_social_development/sustainable_development/2030agenda/（2023年 5 月 1 日閲覧）

総務省「人口推計　2022年10月 1 日現在」https：//www.stat.go.jp/data/jinsui/2022np/index.html#a05k01-b（2023年 5 月 1 日閲覧）

総務省「日本標準産業分類」https：//www.soumu.go.jp/toukei_toukatsu/index/seido/sangyo/02toukatsu01_03000023.html（2023年 5 月 1 日閲覧）

株式会社デザインフィル「手紙の書き方【仕事】宛名の書き方（封筒）」https：//www.midori-japan.co.jp/letter/business/5181（最終閲覧2023年 5 月 7 日）

内閣府「国民生活に関する世論調査報告書　令和元年 6 月調査」https：//survey.gov-online.go.jp/r01/r01-life/index.html（2023年 5 月 1 日閲覧）

［ワークシート 1−1］

講義日　　月　　日　担当教員名＿＿＿＿＿＿＿＿＿＿＿

学籍番号＿＿＿＿＿＿＿＿＿＿　　氏名＿＿＿＿＿＿＿＿＿＿＿＿＿＿＿＿＿＿＿＿＿

（1）現在、そして10年後のあなたはどんな役割を果たしているか、それぞれの役割の割合をテキストのサンプルのようにグラフで示してみましょう。

【現在】

割合	
役割／ 活動内容	

【10年後】

割合	
役割／ 活動内容	

（2）「学生」という役割について、以下の①〜③に自分の考えを記入しましょう。

① 学生という役割の価値
② 学生という役割を果たすことで得られるものや、学生時代の経験が今後の人生にどう影響するか
③ 自分がなぜ「学生」という進路を選んだか、なぜ今の学校を選んだか

［ワークシート 1-2］

（3）学生であるうちにやりたいこと（WILL）を具体的に挙げてみましょう。

①	
②	
③	
④	
⑤	
⑥	
⑦	
⑧	
⑨	
⑩	

ヒント

　授業、専門分野の勉強、ゼミの活動、パソコンスキル、資格取得、語学の勉強、留学、大学院進学、部・サークル活動、アルバイト、インターンシップ、ボランティア、就職活動、旅行、生活習慣、健康・体づくり、趣味、苦手なことの克服、暮らし、友人関係、家事

（4）大学生のうちにやっておくべきこと（MUST）を箇条書きで書きましょう。

MUST	
10年後までに実現したいこと	学生のうちにやっておくべきこと

［ワークシート 2-1］

講義日　　月　　日　担当教員名＿＿＿＿＿＿＿＿＿＿＿＿＿

学籍番号＿＿＿＿＿＿＿＿＿＿　　氏名＿＿＿＿＿＿＿＿＿＿＿＿＿＿＿＿＿＿＿＿＿＿＿＿＿

（1）社会人と学生の違いとは何でしょうか。

（2）社会人として問題のある事例を読み、それぞれの設問に応えましょう。

① 職場の同僚Ａさんが昼休憩で席を外したあと、Ａさん宛てに取引先の人から電話がかかってきた。Ａさんの不在を告げると、「では、また後でかけ直します」とのことだったので、「わかりました」と言って電話を切った。昼食から戻ったＡさんから「食事に出ている間に、何かありましたか？」と尋ねられたが、「特に何もありませんでした」と答えた。

何が問題か
（　　　　　　　　　　　　　　　　　　　　　　　　　　　　　　　　　　　　　　）
なぜそのような行動をしてしまうのか
（　　　　　　　　　　　　　　　　　　　　　　　　　　　　　　　　　　　　　　）
どうすればよかったのか
（　　　　　　　　　　　　　　　　　　　　　　　　　　　　　　　　　　　　　　）

② 働いているコンビニエンスストアの売り上げが急に悪くなった。最近、近所に新しいコンビニエンスストアができたからだ。あまり売れないから、接客も品出しもラクでありがたい。

何が問題か
（　　　　　　　　　　　　　　　　　　　　　　　　　　　　　　　　　　　　　　）
なぜそのように考えてしまうのか
（　　　　　　　　　　　　　　　　　　　　　　　　　　　　　　　　　　　　　　）
どのようにすればよいのか
（　　　　　　　　　　　　　　　　　　　　　　　　　　　　　　　　　　　　　　）

［ワークシート　2-2］

（3）今の自分に「社会人基礎力」はどの程度身についているでしょうか。各項目の説明文を読み、自己診断をしてみましょう（※　1劣る、2やや劣る、3標準的、4やや優れている、5優れている、のうち該当する部分の○を●のように塗りつぶしましょう）。

　右の欄には、なぜその点数になったのか、理由や根拠となる具体的な行動を記入しましょう。

能力評価		評価	自己評価の説明 （評価の根拠となる行動事実）
前に踏み出す力	主体性	○1 ○2 ○3 ○4 ○5	
	働きかけ力	○1 ○2 ○3 ○4 ○5	
	実行力	○1 ○2 ○3 ○4 ○5	
考え抜く力	課題発見力	○1 ○2 ○3 ○4 ○5	
	計画力	○1 ○2 ○3 ○4 ○5	
	創造力	○1 ○2 ○3 ○4 ○5	
チームで働く力	発信力	○1 ○2 ○3 ○4 ○5	
	傾聴力	○1 ○2 ○3 ○4 ○5	
	柔軟性	○1 ○2 ○3 ○4 ○5	
	情況把握力	○1 ○2 ○3 ○4 ○5	
	規律性	○1 ○2 ○3 ○4 ○5	
	ストレスコントロール力	○1 ○2 ○3 ○4 ○5	

（4）学生時代の活動・行動を通じて、社会人基礎力を高めましょう。

　①学生生活において取り組んでいること、今後取り組みたいことを「行動内容」の欄に具体的に記入しましょう。

　②その行動を通じて、社会人基礎力のどんな能力が向上すると思いますか？　当てはまる能力に○を記入しましょう。

行動内容	社会人基礎力											
	アクション			アクション			チームワーク					
	主体性	働きかけ力	実行力	課題発見力	計画力	創造力	発信力	傾聴力	柔軟性	情況把握力	規律性	ストレスコントロール力
（例）カフェのアルバイトで、店長に売上向上策を提案する	○	○		○		○	○			○		

[ワークシート 3-1]

講義日　　月　　日　担当教員名＿＿＿＿＿＿＿＿＿＿＿＿

学籍番号＿＿＿＿＿＿＿＿＿＿　　氏名＿＿＿＿＿＿＿＿＿＿＿＿＿＿＿＿＿＿＿＿＿

（1）自分の人生におけるライフイベントを挙げてみましょう。

年齢	想定されるライフイベント	年齢	想定されるライフイベント

（2）テキストを参照し、自分の人生にかかる費用をプランニングしましょう。

A．1カ月の生活費（今後も現在と同じ物価であると仮定する）　　　　　　　　　　（単位：円）

項目	単身者平均※	今の自分	20歳代の平均	30歳代の平均	40歳代の平均	50歳代の平均
食料（外食含む）	38,410					
住居（家賃・住宅管理費など）	22,116					
光熱・水道	11,383					
家具・家事用品	5,687					
被服及び履物	4,606					
保健医療	7,625					
交通・通信	18,856					
教育（勉強、資格取得、習い事など）	7					
教養娯楽	17,106					
その他（理美容、身の回り用品、たばこなど）	29,251					
月の生活費合計	155,046		①	②	③	④

	単身者平均※		20歳代	30歳代	40歳代	50歳代
1年の生活費合計	1,860,552		（①×12）⑤	（②×12）⑥	（③×12）⑦	（④×12）⑧
10年の生活費合計	18,605,520		（⑤×10）⑨	（⑤×10）⑩	（⑤×10）⑪	（⑤×10）⑫

B．ライフイベントに関する費用（支出）

項目			20歳代	30歳代	40歳代	50歳代
自動車購入（駐車場・維持費含む）						
住居購入						
結婚式資金						
子どもの教育資金						
その他						
ライフイベント支出計			⑬	⑭	⑮	⑯
支出合計			（⑨＋⑬）⑰	（⑩＋⑭）⑱	（⑪＋⑮）⑲	（⑫＋⑯）⑳

60歳までの支出合計（⑰＋⑱＋⑲＋⑳）　［　　　　　　　　　］円

※統計局「家計調査　家計収支編　単身世帯　2021年1世帯当たり1か月間の支出平均」の実数を使用

［ワークシート 3-2］

（3）支出の内訳と合計金額を見て、気づいたことを記入しましょう。

（4）生涯賃金表を見て、気づいたことを記入しましょう。

自分の生涯賃金をどれくらいだと仮定しますか？

	円ぐらい

（5）以下の給与明細のうち、「非消費支出」に当てはまるものを□で囲みましょう。また、控除総額
と差引支給額を計算して記入しましょう。

支給額	基本給	時間外手当	通勤手当	家族手当	資格手当		総支給額
	200,000	5,000	15,000				220,000
控除額	社会保険料				税金		控除総額
	健康保険	厚生年金	雇用保険	介護保険	所得税	住民税	
	10,890	20,130	660		3,840	9,900	
							差引支給額

（6）老後の資金を増やすためにはどうしたらよいでしょうか。

［ワークシート 4-1］

（1）自分を表現する「私は〜」で始まる文を20文作成してください。書き終わったら、自分のこと
　　をよく表している本質的な文章を5文選び、その番号を○で囲みましょう。

1	私は
2	私は
3	私は
4	私は
5	私は
6	私は
7	私は
8	私は
9	私は
10	私は
11	私は
12	私は
13	私は
14	私は
15	私は
16	私は
17	私は
18	私は
19	私は
20	私は

（2）どんな子ども（12歳ぐらいまで）だったか、記入しましょう。

［ワークシート 4-2］

（3）ライフラインチャートをテキストに従って書いてみましょう。

満足度高 ＋ →　　0　　← ー 満足度低

どんな時に満足しているか

どんな時に不満足だったか

小学校入学

中学校入学

高校入学

大学入学

［ワークシート 5-1］

講義日　　月　　日　担当教員名_____

学籍番号_____　　氏名_____

（1）自分の性格や特性について、自覚している点を形容詞で箇条書きにして挙げられるだけ挙げてみましょう。

自覚している性格、特性

（2）他人（家族、友人、顔見知りなど）に自分の性格や特性について聞いてみましょう。それほど親しい関係でない人には、自分の印象を聞いてみましょう。

他人（名前　　　　　　　）が思う自分の性格、特性、印象

他人（名前　　　　　　　）が思う自分の性格、特性、印象

（3）テキストの説明に従い、ジョハリの窓に記入しましょう。

		自　分	
		知っている	知らない
他人	知っている	①開放の窓	③盲点の窓
	知らない	②秘密の窓	④未知の窓

［ワークシート 5-2］

（4）自分の取扱説明書を作成しましょう。

私の取り扱い説明書
製品名（名前、呼び名）
見た目の特徴
性能（できること、得意なこと）
上手な使い方
使用場面・場所
使用前に準備すること
スイッチの入れ方
お手入れのしかた
使用上の注意
故障かな？　と思ったときは
その他

［ワークシート 6-1］

講義日　　月　　日　担当教員名＿＿＿＿＿＿＿＿＿＿

学籍番号＿＿＿＿＿＿＿＿　　氏名＿＿＿＿＿＿＿＿＿＿＿＿＿＿＿＿＿

（1）人はなぜ働くのか、働く目的について考えられるものを箇条書きで挙げましょう。その中で、
　　　自分に当てはまるものに下線を引いてみましょう。

働かないという選択をした場合、どんなメリット・デメリットがありそうでしょうか。

メリット	デメリット

（2）テキストの「キャリア・アンカー」を参照し、8つのアンカーから、自分が働くうえで最も重
　　　視するものを1つ、あまり重要視しないものを1つ選び、その理由について記入しましょう。

	アンカー名	選んだ理由
最も重視するアンカー		
あまり重視しないアンカー		

［ワークシート 6-2］

（3）労働条件の①～⑥について、自分が働くうえで望む状態を、テキストを参考に記入してみましょう。また、最も重視する労働条件を1つ選び、その理由を記入してください。

労働条件	自分が望む状態
① 場所	
② 時間	
③ 休み	
④ 身体	
⑤ 対象	
⑥ 給与	

最も重視する労働条件は　（　　　　　　　　　　　　　　　　　　　　　　　　　　　　　　　　　　）

その理由は

（　　）

（4）第6章3（2）を読み、ホランドの6つのタイプから、自分の興味・関心に近いものを選んで記入しましょう。

最も近いタイプ　　（　　　　　　　　　）的タイプ
その理由、どんなところが近いか
次に近いタイプ　　（　　　　　　　　　）的タイプ
その理由、どんなところが近いか

[ワークシート 7-1]

講義日　　月　　日　担当教員名＿＿＿＿＿＿＿＿＿＿＿

学籍番号＿＿＿＿＿＿＿＿＿＿　氏名＿＿＿＿＿＿＿＿＿＿＿＿＿＿＿＿＿＿＿

（1）次の①〜④はそれぞれ、「職種」と「業種」のどちらについて述べているでしょうか。職種に該当する場合は（　）内にはアを、業種に該当する場合はイを記入しましょう。

① スポーツが好きなので、スポーツメーカーで働いてみたい。（　　　　）

② 人と接する仕事がしたい。（　　　　）

③ 営業は自分の性格に合わなそうだ。（　　　　）

④ 将来性がありそうなAIに関連する企業に興味がある。（　　　　）

（2）「厚生労働省編職業分類　職業分類表　改定の経緯とその内容」を見て、例に従って調べてみましょう。

① 表にある職業はどの分類に属しているか調べましょう。

職業	大分類	中分類	小分類
（例）経営コンサルタント	03 法務・経営・文化芸術等の専門的職業	013 経営・金融・保険の専門的職業	99 その他の経営・金融・保険の専門的職業
国会議員			
ツアーコンダクター			

② 自分が興味・関心のある職業を2つ挙げてみましょう

職業	大分類	中分類	小分類

（3）ホランドの興味領域と関連のある職業領域を見て気づいたことを記入しましょう。

　　自分のタイプ・・・（　　　　　　　　　）タイプ

　　自分が興味のある職業領域・・・（　　　　　　　　　）タイプ

　　自分が興味のあるワークタスク・・・（　　　　　　　　　）

気づいたこと

（4）業種について記入しましょう。

① アパレルに関わる業種の構造図において BtoC に該当するものを挙げてみましょう。

（　　）

② 自分が興味のある業種や業界を複数挙げてみましょう。

［ワークシート 8-1］

講義日　　月　　日　担当教員名＿＿＿＿＿＿＿＿＿＿＿

学籍番号＿＿＿＿＿＿＿＿＿＿　氏名＿＿＿＿＿＿＿＿＿＿＿＿＿＿＿＿＿＿＿

（1）最近のニュースで気になることは何ですか。その理由も合わせて記入しましょう。

気になるニュース	理由、注目点、今後の見通し

（2）テキストを参考に、今後なくなると予想される仕事を3つ選び、その理由と気づきを記入しましょう。

なくなると予想される仕事	その理由
気になったこと	

（3）VUCA というキーワードをわかりやすく説明してみましょう。

［ワークシート 8-2］

（4）テキストにある現在の人口ピラミッドを見て気づいたことを記入しましょう。また、20年後、50年後の日本の社会はどうなっているか、予測を立ててみましょう。

現在　あなたの年齢（　　　　）歳 　人口ピラミッドは…
20年後の予測　あなたの年齢（　　　　）歳
50年後の予測　あなたの年齢（　　　　）歳

（5）SDGs の17の目標の中から、特に自分が問題だと思うもの、興味関心があるものを選び、その理由と、その目標を達成するために何が必要かについて記入しましょう。

関心がある目標	その理由	目標達成に何が必要か

［ワークシート 9-1］

講義日　　月　　日　担当教員名＿＿＿＿＿＿＿＿＿＿

学籍番号＿＿＿＿＿＿＿＿＿＿＿　氏名＿＿＿＿＿＿＿＿＿＿＿＿＿＿＿＿＿＿＿＿＿＿＿＿＿

（1）次の事例は、コンプライアンス上問題になるでしょうか。問題になる場合は（　）内に○をつけ、問題だと思われる箇所に下線を引いてその理由を記入しましょう。

（　　）① スマホの充電が切れそうだったので、アルバイト先で充電した。みんなやってるし、いいよね。

（　　）② 顧客名簿の入力が最後まで終わらなかったので、家に持ち帰って明日には提出できるように頑張ろう。バイトなのに、私って責任感あるなあ。

（　　）③ アルバイト先の備品のクリアファイル、ゼミの資料をまとめるのに必要だから、今度2～3枚もらってこよう。

（　　）④ 私のバイト先の会社、アイドルAとコラボした新商品を出すらしい。A好きの友達に教えてあげなきゃ。まだどこにも出てない情報だから喜ぶだろうなあ。

（2）もし友人からこんな相談を受けたら、どんな助言をしますか？ ワークルールを元に、あなたの
　　　考えを記入しましょう。

⑤ バイト先で仕事中、派手に転んで骨折しちゃった。治るまではバイトもできないし、治療費もか
　　かるし困ったなあ。

⑥ バイト先でお皿を割っちゃったら、バイト代から弁償してもらうってマネージャーから言われた
　　んだけど、いったいいくらぐらいするんだろう？

⑦ うちのバイトきついから「辞めたい」って言ったら、損害賠償を請求するって言われちゃった。
　　どうしよう、辞められないかも。

⑧ 昨日の日曜はバイト先が忙しくて、いつもより2時間も長く、10時間も働いたから疲れたよ。ま
　　あ10時間分の給料もらえるから、まあいいか。

（3）ブラック企業から自分の身を守るために、心がけたいことを記入しましょう。

［ワークシート 10–1］

（1）マンダラに記入した8つの要素の行動目標を具体的に書き出しましょう。

	要素	行動目標	難易度	優先度
①		1）		
		2）		
		3）		
		4）		
		5）		
		6）		
		7）		
		8）		
②		1）		
		2）		
		3）		
		4）		
		5）		
		6）		
		7）		
		8）		
③		1）		
		2）		
		3）		
		4）		
		5）		
		6）		
		7）		
		8）		
④		1）		
		2）		
		3）		
		4）		
		5）		
		6）		
		7）		
		8）		

［ワークシート 10-2］

	要素	行動目標	難易度	優先度
⑤		1）		
		2）		
		3）		
		4）		
		5）		
		6）		
		7）		
		8）		
⑥		1）		
		2）		
		3）		
		4）		
		5）		
		6）		
		7）		
		8）		
⑦		1）		
		2）		
		3）		
		4）		
		5）		
		6）		
		7）		
		8）		
⑧		1）		
		2）		
		3）		
		4）		
		5）		
		6）		
		7）		
		8）		

（2）これらの行動目標を達成させるための行動計画を立てましょう。

期限	やることリスト
3カ月後まで	
半年後まで	
1年後まで	
2年後まで	
3年後まで	

［ワークシート 11-1］

講義日　　月　　日　担当教員名＿＿＿＿＿＿＿＿＿＿

学籍番号＿＿＿＿＿＿＿＿＿　氏名＿＿＿＿＿＿＿＿＿＿＿＿＿＿＿＿

（1）身だしなみチェックリスト

男性	女性	
フケは出ていないか		☐
髪の色・長さは適切か		☐
整髪料の匂いはきつくないか	香水の匂いはきつくないか	☐
ヒゲは伸びていないか	化粧は適切か（濃くないか）	☐
歯は清潔か		☐
爪はきちんと切ってあるか	マニキュアは濃すぎたりはげていたりしないか	☐
手は清潔か		☐
職場に適した服装か		☐
襟やそでは汚れていないか		☐
ボタンは取れていないか（かけ忘れはないか）		☐
服に汚れやシミ、シワはないか		☐
靴下の色は適切か	ストッキングの色は適切か、伝線していないか	☐
ネクタイは曲がっていないか	アクセサリーは華美でないか	☐
靴は磨かれているか		☐
ハンカチ・ティッシュは持っているか		☐
ペン・手帳・名刺入れ・定期券などの忘れ物はないか		☐
体調は良いか（体調不良や寝不足ではないか）		☐

［ワークシート 11-2］

（2）身だしなみチェックの改善点をメモしておきましょう。

改善が必要な点

改善の方法

友人からのアドバイスをメモしておきましょう。

ほめてもらったところ

もっとよくするには

友人のよかったところ、自分も見習うべき点（真似をしたいところ）をメモしておきましょう。

第一印象は？　身だしなみと同様にチェックし改善点を確認しましょう。

挨拶

表情

立ち方・姿勢

動作

［ワークシート 12-1］

学籍番号＿＿＿＿＿＿＿＿＿＿　　氏名＿＿＿＿＿＿＿＿＿＿＿＿＿＿＿＿＿＿

（1）丁寧な言葉にしてみましょう。

印象を良くする言葉　＝　あらたまった表現に書き換えてみましょう。

お父さん・お母さん	父・母	すごく	
（相手の）会社		ちょっと	
僕・わたし		～と言います	
今度		どうでしょうか	
このあいだ		誰ですか	
さっき		行きます	
あとで		もらってもいいですか	

（2）テキストの例「来る」（来られる→お＋原型＋になる→慣用的表現）を参考にしながら尊敬語にしてみましょう。

「行く」
　　→
　　　　→
　　　　　　→

「食べる」
　　→
　　　　→
　　　　　　→

「話す」または「言う」
　　→
　　　　→
　　　　　　→

（3）自分がへりくだった言い方（謙譲語）にしてみましょう。

「行く」→

「食べる」→

「する」→

「言う」→

［ワークシート 12-2］

（4）左に示した【言葉】を使った会話文の例がどのような場面であるのか、誰の誰に対する会話で
　　　使われているのかを考えて、適切な尊敬語か謙譲語に変換してみましょう。

【見る】　　（仕事先で取引先の人と）「話題の映画を（　　　　　　　　　　　　　）なりましたか。」
　　　　　　（映画館のスタッフが）「入り口ではチケットを（　　　　　　　　　　　　）います。」

【食べる】　（海外出張から戻った上司に現地での話を聞きながら）
　　　　　　「イタリアでは何かおいしい料理を（　　　　　　　　　　）ましたか。」
　　　　　　（先生の自宅を訪問した後）「先生のお宅で、ケーキを（　　　　　　　　）ました。」

【来る】　　（学校の事務室で）「卒業式には、保護者の方も（　　　　　　　　　　）そうです。」
　　　　　　（問い合わせのお客様に）「担当者が（　　　　　　　　）ますので、お待ちください。」

【言う】　　「先生の（　　　　　　　　　　　　　）ことはよくわかります。」
　　　　　　「父に代わってご挨拶を（　　　　　　　　　　　）ます。」

【いる】　　（来賓席の人を見ながら）「あの席に（　　　　　　　　　　）方はどなたですか。」
　　　　　　（来客に対して）「今、部長は外出して（　　　　　　　　　）」

【知る】　　（仕事先で取引先の人との雑談で）「この物語の作者を（　　　　　　　　）ですか。」
　　　　　　（仕事で取引相手に）「その件につきましてはよく（　　　　　　　　　　）。」

【会う】　　（お客様をお見送りする時）「また（　　　　　　　　　）のを楽しみにしています。」
　　　　　　（これから社長に会うことを課長に伝える）「社長に（　　　　　　　　　　）。」

（5）やさしい文章にしてみましょう（クッション言葉と依頼形）。
　　　　次の文章に適切なクッション言葉を加えて依頼形にしてみましょう

①　「ドアを開けて」

②　「名前を教えて」

③　「荷物はここに置いて」

④　「この紙に記入して」

⑤　「駅まで案内してあげるよ」

[ワークシート 13-1]

（1）次の事例から、何をどうしなければならないか、どうしたらよかったのかを考えてみましょう。

　　新入社員の鈴木さんは、昼休み後、上司である佐藤課長から「得意先へ行って書類をもらってきてくれ」と指示された。鈴木さんは、車で相手先に向かい、指示された書類を受け取って終業時刻を過ぎた18時半ごろ会社に戻り早速報告した。

　　「課長、ただ今戻りました。交通渋滞で片道2時間以上かかりました。ようやく到着したのに、向こうに着いたら、少々お待ちくださいと30分も待たされました。それから……」と言いかけると、課長から「書類はもらってきたのか」と聞かれた。「あ、これです。」と言うと、課長は書類をひったくるようにして部屋を出て行った。鈴木さんは「せっかくもらってきたのに、課長ったらあの不機嫌な顔はないだろう……」と面白くない様子である。

［ワークシート 13-2］

（2）PREP法でまとめてみましょう。

私が好きな「　　　　　　　　　　　」

P	P：POINT （結論） 私は「 」が好きです。
R	R：REASON （理由） なぜなら「 」（だ）からです。
E	E：EXAMPLE （具体例・事例） たとえば「 」です（します）。
P	P：POINT （ポイント・結論を繰り返す） だから私は「 」が好きです。

私が大学を選んだ理由

P	
R	
E	
P	

講義日　　月　　日　担当教員名＿＿＿＿＿＿＿＿＿＿＿

学籍番号＿＿＿＿＿＿＿＿＿＿　　氏名＿＿＿＿＿＿＿＿＿＿＿＿＿＿＿＿＿＿

（1）採用担当者より、面接試験を通過した連絡を受けました。
　　　「　」に当てはまる言葉を入れましょう。

電話をかける側	電話を受ける側
	「はい。　　　　大学　　　　学部　　　　　　　　　　　　　　　と申します」
「株式会社　◇◇商事　○○と申します」 「一次面接の件でお電話しました。 　今よろしいでしょうか？」	
	「 　　　　　　　　　　　　　　　」
「次のステップに進んでいただくことになりました。 　次は、個人面接を予定しています。 　○月○日○時に弊社の本社ビルにご来社 　いただけますでしょうか？」	
	「 　　　　　　　　　　　　　　　」
「弊社の○○宛にご来社ください」	
	「 　　　　　　　　　　　　　　　」
「持ち物は、履歴書を持参してください」	
	「 　　　　　　　　　　　　　　　」
「それではお待ちしております。 　失礼します」	
	「失礼します」

［ワークシート 14-2］

（2）○月○日○時に第一次面接の予約を取るために電話をかけました。

「　」に当てはまる言葉を入れましょう。

電話をかける側	電話を受ける側
「私　　　　　　大学　　　　　　学部 　　　　　と申します」 （取次を依頼しましょう） 「 　　　　　　　　　　　　　　　　」	「お電話ありがとうございます。 　　　　株式会社　◇◇商事　○○と申します」 「　　　　　　　　　大学の　　　　　　　様ですね。 　いつもお世話になっております」 「採用担当の○○でございますね。 　少々お待ちくださいませ」
保留	
「 　　　　　　　　　　　　　　　　」 「 　　　　　　　　　　　　　　　　」 「 　　　　　　　　　　　　　　　　」 「 　　　　　　　　　　　　　　　　」 「よろしくお願いいたします」 「失礼します」	「お待たせしました。採用担当の○○でございます」 「はい、どうぞ」 「かしこまりました。では、○月○日○時に 　第一次試験のご予約を確かに承りました」 「当日のお越しをお待ちしております」 「失礼いたします」

講義日　　月　　日　担当教員名＿＿＿＿＿＿＿＿＿＿＿＿

学籍番号＿＿＿＿＿＿＿＿＿＿　　氏名＿＿＿＿＿＿＿＿＿＿＿＿＿＿＿＿＿＿＿

（1）上座から優先順位をつけましょう。

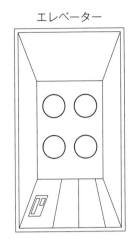

エレベーター

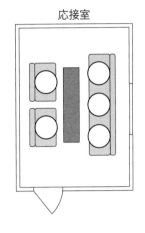

応接室

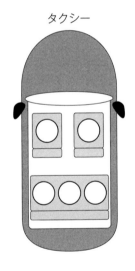

タクシー

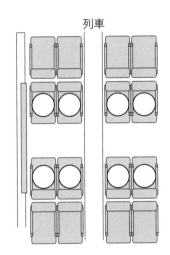

列車

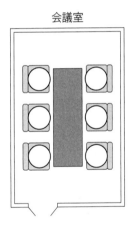

会議室

［ワークシート 15-2］

（2）来客応対・訪問の流れを確認し、「 」に当てはまる言葉を入れましょう。

訪問		来客応対
・アポイントメントを取る ・訪問の目的を明確にし、準備する 　時間管理、印象管理をする	準備	・応接室など面談の準備
「 　　　　　　　　　」 「 　　　　　　　　　」 「　　　　　　　　　」	受付	「いらっしゃいませ」 「○○大学の○○様ですね」 「はい、待ちしておりました」 「面接室へ案内します。 　　　　　どうぞこちらへお越しください」
・入室、席次の心得 「　　　　　　　　　」 ・自己紹介（名刺交換） 「 　　　　　　　　　」 ・言葉遣い、 　コミュニケーション 　「聴く、話す、話し合う」に留意 「　　　　　　　　　」	応接室 （面談開始） （面談終了）	「只今　担当者が参りますので、 　　　　　少々お待ちください」 担当者　入室 「失礼します」

《執筆者紹介》（＊は編著者、五十音順）

＊稲本恵子　共栄大学国際経営学部教授
[はじめに，第11・12章，第16章，コラム5・6・8]

北村伊都子　梅花女子大学文化表現学部准教授
[第14・15章]

白井弘子　One Edition 代表
[第13章，第16章2（1）]

＊田中美和　共栄大学国際経営学部教授
[第1〜3・5〜7章，第8章1，第9章，第10章1・2，コラム1〜3]

太原靖一郎　共栄大学国際経営学部教授
[第1章1，第3章1，第4・8章，第10章3，コラム4]

南野敦子　専門学校名古屋ホスピタリティ・アカデミー教員
[コラム7]

和田百子　同志社女子大学キャリア支援部キャリア支援課顧問，
国家資格キャリアコンサルタント
[第13章2（3）]

第2版
大学生のキャリアデザイントレーニング
——キャリア理論／自己理解／社会人基礎力——

2020年4月10日　初　版第1刷発行	＊定価はカバーに
2022年10月25日　初　版第3刷発行	表示してあります
2023年9月20日　第2版第1刷発行	
2024年9月5日　第2版第2刷発行	

編著者　稲　本　恵　子 ©
　　　　田　中　美　和
発行者　萩　原　淳　平
印刷者　藤　森　英　夫

発行所　株式会社　晃　洋　書　房

〒615-0026　京都市右京区西院北矢掛町7番地
電話　075(312)0788番(代)
振替口座　01040-6-32280

装丁　HON DESIGN（北尾　崇）　印刷・製本　亜細亜印刷㈱
ISBN 978-4-7710-3760-1